僕はこうして、苦しい働き方から抜け出した。

小倉広

WAVE Pocket Series

WAVE出版

僕はこうして、苦しい働き方から抜け出した。

はじめに

働くのが苦しい……

僕は仕事柄、多くの若者から相談を受けます。先日もセミナーの終了後、受講者の藤井（仮名）さんに呼び止められ、悩みを打ち明けられました。

「小倉さん、実は、働くのが苦しいんです……」

僕は意外な相談に驚きました。なぜならば、その言葉を発したのは、30代前半のいきいきとした、いかにも〝仕事のできそうな若者〟だったからです。

セミナー中も藤井さんは、熱いまなざしで僕をじっと見つめ、熱心にノートを取っていました。グループ討議でもリーダーシップを発揮し、チームを明るく導いていたのです。

だからこそ、僕は彼の重苦しい雰囲気に驚いた。ギャップを感じたのです。

彼は続けて、こう言いました。

「転職をしようかと思っています。でも、一方でそれは『逃げ』なのではないか、という自分の声も聞こえてきます。小倉さん、私は逃げているのでしょうか？　それとも、余計なことを考えずに、積極的に会社を変わるべきなのでしょうか？」

望まない部署への配属、場当たり的な上司への反発、旧態依然とした会社へのいらだち、先の見えない不安……。

僕は、彼の不満の原因をじっくりと聞いたうえでこう断言しました。

「会社を変わるのは簡単です。しかし、**何度会社を変わっても、自分が変わらない限りは何も変わりません**」

僕の言葉を聞き、藤井さんは何度もうなずきながら、がっくりと肩を落としました。

「やっぱり、私の問題だったんですね。薄々それは感じていました。会社だけの問題じゃない。上司だけじゃない。私自身にも問題があるのではないかと……」

僕はその発言を聞いて、自分の助言が言葉たらずだったことを自覚しました。藤井さんは誤解している。そして、こうつけ加えたのです。

「藤井さん、その考え方も含めて、あなたは考え違いをしています。会社を責めても何も変わらない。しかし、矛先を変えて、自分を責めても何も変わらないのです。その考え方から抜け出さない限り、次の会社に行っても同じ苦しさを感じるでしょう。だからこそ、考え方を変えてほしいのです。あなたのような気持ちのいい若者が、これ以上苦しむのを見たくない」

これ以上、理屈を言っても彼には伝わらない。

そう思った僕は、藤井さんをセミナー会場から近くの喫茶店に連れ出すことにしました。

そして、理屈による説得ではなく、僕自身の体験談を伝えることにしたのです。

それは、十数年以上も前のこと。

僕が初めて管理職になったときの苦い体験談です。

まず最初に、まわりを責めた

かつてお世話になっていたリクルートで、僕は30歳の若さで部下を持つ課長になりました。プレイヤーとして部門トップの業績だった僕は、コンサルティングの部署に着任してから1年も経たないうちにチームを持つことになったのです。

「自分のやり方をメンバーに教えれば、いくらでも業績はあげられる」

プレイヤーとして腕に自信があった僕は、チームリーダーとプレイヤーが根本的に異なるということに気づかずに、気軽にリーダーの責務を引き受けてしまったのです。

鼻っ柱を叩き折られるのに長くはかかりませんでした。課長として部下を持ってから半年も経たないうちに、僕はメンバーから総スカンを食らってしまったのです。

リーダーが何たるものかを、まるで知らずにいた僕は、メンバーに対して自分の流儀(りゅうぎ)を押しつけました。「こうすればうまくいく」「あなたのやり方は間違っている」と、すべてのメンバーを自分色に染めようとしたのです。

しかし、当たり前のことですがメンバーにもプライドがある。

そして、彼らは自分で考えた精一杯の最善策を実行しているのです。

それを頭ごなしに否定されては、メンバーだっておもしろくない。今となっては、当たり前すぎるほどによくわかるそのことが、当時の僕にはわからなかったのです。

「あー、そのやり方、違う、違う。こうやるんだよ」

僕はメンバーの立場や気持ちも考えずに、次々と口を出し、そしてうとまれていきました。しかし、彼らの気持ちに鈍感だった僕は、なかなかそれに気づきませんでした。


やがて、彼らは僕のやり方に異を唱えるようになりました。それは公然と表立った反対表明のこともあれば、コソコソとした陰口の形を取ることもありました。やがて、**僕は自分が批判されていることに気づくと、猛烈に腹が立ちました。**

「オレはこんなにがんばっているのに、あいつらはなぜそれがわからないのか？」

「陰口を言うとは、なんて卑怯なんだ。文句があるなら堂々と言ってこい！」

僕はわからず屋でわがままなメンバーたちに対して怒りの矛先を向けたのでした。

次に、自分を責めた

しかし、僕の怒りは長くは続きませんでした。

メンバーから総スカンを食らい、多勢に無勢の僕は、やがて矢印を自分に向け直すようになっていきます。

「わからずやでわがままなメンバーが悪いと思っていたけれど、もしかしたら、本当は、僕のやり方のほうが間違っていたのかもしれない……」

いったん矢印の向きを変えると、思い当たる節が次々と出てきます。

メンバーの気持ちを無視したような〝上から目線〟の業務指導。彼らの都合を考えない仕事の割り振り。彼らが僕に気をつかってくれているのに対して、まったく無神経に甘えていた自分……。

考えれば考えるほど、自分の分が悪いことに気づいていくのです。

気づけば、僕はうつ病になっていました。

毎日、毎晩、自分を責め続け、会社に行くことが怖くなってしまったのです。僕は会社に内緒で、生まれて初めて心療内科の門を叩きます。そして、うつ病の薬を飲みながら、うまくいっていないチームリーダーの仕事に対して必死に立ち向かっていきました。

やがて、僕は、すでにどうしようもないほどに、自分もチームも疲弊（ひへい）していることに気づきました。僕は意を決して、上司のもとを訪ねました。そして、上司に謝罪し、こうお願いしたのです。

「申しわけありません。僕には課長の仕事はつとまりません。降ろしてください……」

僕の人生で初めての管理職は、このように最悪のスタートとなったのです。

誰も責めない――「自責」とは「今やるべきこと」に責任を持つこと

初めは人のせいにして、まわりを責める。

次に、自らのおこないを後悔し、自分を責める。

このお決まりの行動パターンは、何も僕だけに限ったことではないようです。

学ばない者は人のせいにする。

学びつつある者は自分のせいにする。
学ぶということを知っている者は誰のせいにもしない。
僕は学び続ける人間でいたい。
（日本経済新聞2010年11月5日「サッカー人として」より）

いまなお、現役にこだわり続ける偉大なるサッカー選手。当時横浜FCだった三浦知良氏の言葉です。

学ばない者は人のせいにして、周囲を責めます。

次に、少しものごとに気づき始めた者、すなわち、学びつつある者は矢印を自分に向け直す。つまり、自分を責めるのです。

かつての僕もまさに、この二つのステップを歩んだのです。

こうした傾向は、「自分は仕事ができる」「精一杯がんばっている」と自負している人に顕著（けんちょ）に見られます。自負しているからこそ、がんばっているからこそ、「許せない」「認められない」という感情がわき起こるからです。だから、人や自分を責めてしまう。

しかし、三浦氏はこう続けます。

「学ぶことを知っている者は誰のせいにもしない」

そうです。

誰を責める必要もないのです。

そんなふうに過去をウジウジ振り返っているヒマはない。

そんな非生産的なことに時間を割いているヒマはないのです。


自責は過去ではなく、未来へと向かう。


自責とは、問題の原因が自分にあると考え、自分を変えることで問題を変えようとするアプローチのことです。

本来の自責とは自分を「責める」ことではありません。自分で「責任」を取る。

それを自責というのです。

つまり、過去の自分をほじくり返してウジウジと「責める」ことが自責ではない。

未来だけを見て、今からできることだけに120%全力投球すること。

未来に対して「責任」をとり続けることこそが、本当の意味での自責になるのです。

「苦しい働き方」から抜け出す方法

「働くのが苦しい……」

そう訴える藤井さんにここまで話すと、彼の表情はみるみる晴れていきました。

どうやら、僕の言いたかったことを理解しくれたようです。

僕がこの考え方にたどり着いたのは40歳を少し過ぎたころのことでした。

この真理に気づくまでに、課長の責を辞した30歳のころから、さらに10年ほどの月日が必要だったのです。

学ばない者は人のせいにする。
学びつつある者は自分のせいにする。
学ぶということを知っている者は誰のせいにもしない。

自責は過去ではなく、未来へと向かう。

これは、本書の核となる考え方です。

僕たちが「苦しい働き方」から抜け出すための大きなヒントがここにあります。

この短い言葉だけで、ピンとくる人は少ないでしょう。

しかし、今はそれでいいのです。この後、本書の骨格となるこの言葉に、20の言葉で肉づけをしていきます。

それらをトータルに見直してください。そのときに、本書のこの言葉が、すべてを包括(ほうかつ)する骨格であることがあらためて理解していただけることでしょう。

本書が、みなさんが「苦しい働き方」から抜け出すための一助となることを望みます。

そして、みなさんが心の平穏を手に入れることを祈ります。

どうか、僕のささやかな体験が、みなさんの捨て石となりますように……。

それが、僕自身にとっての社会へ対するご恩返しと罪滅ぼしになりますように……。

そう願ってやみません。

小倉　広

僕はこうして、苦しい働き方から抜け出した。

◉目次

第1章

悩まない働き方

言葉1

希望する仕事につけないとき

目の前の〝鉛(なまり)〟を掘りなさい。

転職したら、苦しさから抜け出せる？

「こんな仕事がやりたかったわけじゃない……」

そう思ったことはありませんか？

自分のやっている仕事に対してやる気が起きない。それは、とても苦しいことです。ましてや、「自分には、もっと能力があるのに」「もっと自分にふさわしい仕事があるはずなのに」と思う人にとって、今、自分が置かれている状況はたえがたいものに感じられるはずです。

その考えがさらに進むと、「会社を辞めたい」「転職したい」となることでしょう。

かつての僕もそうでした。そして、実際に何度か会社を変わったことがあります。

ですから、みなさんのその気持ちはわかります。

しかし、それで「苦しさ」を克服することはできないと僕は思います。

最終的には会社を変わってもいい。

しかし、その前に、自分を変えることにチャレンジしなくてはなりません。

そして、今、目の前にある「しんどい仕事」に対する取り組み方を変えるのです。

なぜなら、そこでの働き方が、必ずや次の仕事にも影響するのです。一見すると、自分のキャリアには関係がなく、無駄な時間を過ごしているだけのように見えるその取り組みが、必ずあなたのキャリアに影響を与えるからです。

僕がそれに気づいたのは、あるできごとがきっかけでした。

〝一流のコピー取り〟になってみろ

某地方銀行で講演を終えたときのことです。

お客様がお帰りになるのを見送り、僕は手荷物をまとめました。主催者である銀行スタッフの方にお礼を伝え、会場を出ようとした、そのときです。

数名いるスタッフの中の一人が走って僕を追いかけてくるではありませんか。

忘れものでもしたのだろうか……。

そう思い振り返ると、その方は「小倉さん、よろしければ、これ、お持ちください」と言って、たった今、終えたばかりの講演のアンケートのコピーを渡してくださったのです。

僕は、講演のときには必ずアンケートを記載していただいています。お客様の反応が如実にあらわれるアンケートを読みこむことは、講演内容をブラッシュアップするのに不可欠だからですが、それ以上にただ単純にアンケートを読むのが大好きなのです。まるで、お客様と会話しているような気持ちになるからです。

しかし多くの場合、アンケート用紙は講演終了後、数日経ってから郵送されてきます。今回もそうなるだろうな、勝手に僕はそう思っていました。

だからすぐにコピーを届けてくださった方のご好意がうれしかった。新幹線に乗りこむ僕にとって最高の手土産でした。

「ありがとうございます」

僕は御礼を言って受け取りました。

親切な方だな、思いやりのある方だな、そう思いました。

しかし、その思いは、さらにいい意味で裏切られることとなります。

新幹線の中で50~60枚はあるコピーをめくると、すぐにあることに気がつきました。

アンケートをどれだけめくっても、5段階評価の最上位ばかりが出てきたのです。

しかも、どれにもびっしりとコメントが書き込まれていました。

僕は、思わず笑顔になりました。

「やはり、手ごたえどうり。今回の出来はまんざら悪くはなさそうだ」

そう思ってページをめくっていくと、最後の10ページほどはコメントがない状態でした。

しかし、引き続き評点は最高位です。さらに残りの数枚をめくる。すると、まずは中評価でコメントがあるもの、次いで、中評価でコメントがないものが出て、すべてのアンケートが終わりとなりました。

ははぁ、なるほど、そういうことか……。

スタッフの方は、あの短時間にアンケートを並び替えてからコピーを取ってくださったのです。まずは評点の高い順に……。さらに、同一評点の中でコメントが多い順に……。二重の並べ替えをしてくださったのです。

僕は、さすがだなと舌を巻きました。さすがに地方の一流銀行は違う。コピーの取り方ひとつとっても一流なのだなと思い知らされました。

そして、こう思いました。同じ状況で我が社のスタッフが対応したとしたら、同じことができるだろうかと。それとともにある言葉が頭の中に浮かんできました。

下足番を命じられたら、日本一の下足番になってみろ。
そうしたら誰も君を下足番にしておかぬ。

阪急・東宝グループ創業者小林一三の言葉です。

「頼まれごと」は「試されごと」

一般的に考えればコピー取りの仕事は雑用です。たかが雑用に真剣に取り組む人はそういません。しかし、そこで面倒くさがったりイヤがったりしている人は一流にはなれません。雑用だからこそ、日本一のコピー取りをする。そんな人が一流になっていくのです。

僕にアンケートのコピーを渡してくださったのは一流の方です。おそらく彼の上司は彼を下足番にはしておかないでしょう。仕事とはそういうものなのです。

我が社で下足番の仕事を黙々とこなしている若手社員たち。そんな彼らには三つの道があります。

一つ目は、ふてくされて適当にこなす道。

二つ目は、言われた通りにそこそこにこなす道。

三つ目は、日本一の下足番になる道。

どれを選ぶかは本人次第です。

「頼まれごとは試されごと」

頼まれた仕事を90点で仕上げるか、満点を超える110点で仕上げて相手を驚かせるのか。それは、天と地ほどの差をもたらします。

もしもあなたがそこそこのレベル、90点で仕上げたとしたら、相手は「ありがとう！」と口にしながらも、心の中でこう思うでしょう。「この人に頼んでも、しかたない。次からは別の人にお願いしよう」と。そして、チャンスはあなたの元を訪れなくなる。誰もあなたに大切な仕事を頼まなくなってしまうのです。

一方で、**期待を上回る110点で仕上げたとしたら、おそらく相手は驚き、感動することでしょう。**

頼まれた仕事が大きかろうが、小さかろうが関係ありません。まさに、先にあげたコピー取りのように。誰もが適当にこなす仕事であればあるほど、そこでの全力投球は光り輝き、相手の胸を打つ。

「今度は、この人に、もっと大切な仕事を任せよう。この人にコピー取りをやらせるのはもったいない」

このようにして、次々とチャンスが訪れるようになるのです。

だから、ちょっとした雑用を頼まれたときこそ、こう思いましょう。

「神様に、上司に試されている」と。あなたが、それに気づいたならば、きっと、誰もがあなたを下足番にはしておかないでしょう。

下足番という仕事（＝望まない仕事）が「苦しい」のではありません。そこで、全力をつくさない姿勢こそが、「働く苦しさ」を生み出しているのです。

ぶつくさ言いながら下足番で終わるか、一流の下足番になるか――。

それを決めるのは僕たち自身なのです。

下足番を命じられたなら、日本一の下足番になってみろ。
そうすれば誰も君を下足番にはしておかぬ。
目の前の鉛（なまり）を掘るのです。
そうすれば、金や銀までもが掘り出される。

会社を変える前に、自分を変える。
それこそが、「働く苦しさ」から抜け出す唯一の方法なのです。
転職するのは、その後でも十分に間に合うのではないでしょうか。

言葉2

思い悩んで、手が止まってしまったとき

考え込むのは、ヒマな証拠。

仕事がうまくいかないのは会社のせい？

「おい、小倉、どうした？」

は、はい……。

オフィスでぼーっと考えごとをしていたら、上司から突然声をかけられました。

まだ僕が24歳、新人の営業マンだったころの話です。問われるままに悩みごとを話し始めたところで、上司は「続きはコーヒーでも飲みながら聞こう」と、僕を外へ連れ出してくれました。

当時、僕がしていた仕事は求人広告の営業マン。担当顧客を持つほどのスキルがない僕は、もっぱら新規開拓営業をする毎日でした。まだインターネットがない時代のこと。僕は新聞や折り込みチラシに入っている求人広告や電話帳を見ながら、片っ端から電話をかけてアポを取る。それで手応えがなければ、担当地域をローラー作戦で飛び込み営業する。そんな原始的な営業をしていたのです。

大学を出たばかりの僕は、行動よりも理屈が先行。一向に成果が上がらず、顧客からうるさがられ、嫌われる新規開拓営業が、嫌で嫌でしかたがありませんでした。そんな状態で営業するのですから、成果が上がるわけがありません。いっこうに上がらない成果に嫌気がさし、うまくいかない原因を会社や商品のせいにして、陰で文句ばかりを言っていたのです。

その日も、電話帳をリストにアポ取りをしていたものの、けんもほろろに断られ続け、深いため息をついていたところでした。よほど暗い顔で、大きなため息をついていたのでしょう。上司が見かねて声をかけてくれたようです。

喫茶店でコーヒーを飲みながら、僕はつらつらと上司にグチっていました。すると、一通り話を聞いた上司はニヤニヤと笑いながら、一言こう言いました。

「小倉、**考え込んでいるのはな、ヒマな証拠だよ**」

僕は、後頭部を殴られたかのような衝撃を受けました。だって、自分ではめちゃくちゃ一所懸命やっているつもりだったからです。

「こんなに一所懸命にやってるのに、なんで結果が出ないいんだ?」

「アポ取りや飛び込み営業がうまくいかないのは、会社のせい。商品が悪いせい。自分はかわいそうなことをさせられている被害者である」

そう思っていたわけです。だから、きっと上司はそんな僕をなぐさめてくれるものとばかり思っていました。そこへいきなり「ヒマな証拠」と言われたのですから、あまりのショックに茫然自失（ぼうぜんじしつ）な状態になってしまったのです。

呆然としている僕に、上司はこんな言葉を紹介してくれました。

心配することが多いのは、今を懸命に生きていないから

辛いことが多いのは感謝を知らないからだ。

苦しいことが多いのは自分に甘えがあるからだ。

悲しいことが多いのは自分のことしか分からないからだ。

心配することが多いのは、今を懸命に生きていないからだ。

行き詰まりやすいのは 自分が裸になれないからだ。

宗教家であり思想家であった一灯園西田天香先生の最後の弟子と言われる石川洋先生による5つの自戒です。

当時24歳だった僕は、深い意味はわからないまでも、想像もしなかった考え方に触れ、大きなショックを受けました。その後、上司は「心配することが多いのは、今を懸命に生きていないからだ」という言葉を引き合いに出しながら、こう補足してくれました。

「いいか小倉。どんなに嫌なことがあっても、何も考えずに、今やるべきことに100%集中してみろ。そうしたら、悩みなんか吹っ飛ぶから。悩むのはそれからにしろ」

はい……。僕はよく理解もしないままに、そう答えました。その言葉の本当の深さに気づくのは、それからまだ15年以上も要するのですが……。

心の中を「今」だけで満たす

現在の会社を経営するようになって3年が経ち、41歳になった僕は、自分を見つめ直すために、広島県にある禅寺へ座禅修行に来ていました。日頃の雑事から離れて、早朝5時から夜遅くまで、ひたすら座禅をするのです。その合宿で僕は1週間まるまる座禅だけをする毎日を過ごしました。

禅の世界に「前後裁断（ぜんごさいだん）」という言葉があります。

僕たちの迷いは過去への後悔や未来への不安など、過去と未来に原因がある。だから、過去や未来、つまり前後を裁断し、今だけに集中する。そういう教えです。

それを毎日実践するのです。トイレに行くときにも、未来である「トイレのドア」を見てはいけません。廊下を歩いているときは、現在の足もとだけを見てそこに集中する。「右足、右足……」「左足、左足……」。それだけを考えるのです。「早くすませてすっきりしたいな」などと未来のことを考えてはいけないのです。食事のときも同様です。納豆を混ぜながら、「味噌汁がうまそうだな」と、未来を考えてはいけません。納豆を混ぜているときはただひたすらに、「納豆、納豆、納豆……」と、現在だけを考えるのです。

その合宿で僕は、1日12時間以上、ひたすら座禅だけをする毎日を1週間過ごしました。目標は、座禅の最中にいっさい余計なことを考えないこと。つまり、「無」になることです。しかし、雑念の多い僕は、気を許した瞬間に過去や未来のことを考えてしまいます。「あの会社への企画書、どうしようかな……」とか、「あぁ、納豆にもあきたな。肉が食べたいな……」とか、余計な雑念が次から次へと流れてくるのです。そして、そのたびに「いけない、いけない。『無』にならなくては」と切り替えるのです。

こんなことを毎日続けていると気が狂いそうになります。1日経ち、2日経ち、3日経っても雑念は消えません。そして敗北感を抱きます。「いつになったら、雑念がなく座禅を組めるようになるのだろうか？」「僕は1週間のうちに雑念が消えないのではないか？」。これもまた未来への恐れ。典型的な雑念です。

しかし、不思議なことに、6日目の午前中に突然それはやってきました。一切の雑念もなく、時間の感覚もなく、ただひたすらに座っていることだけに集中できた1時間があったのです。僕は驚きました。すると、うしろから声がします。

「小倉さん。どうやら、つかんだようですな」

ずっと僕を見ていた導師の言葉です。僕が雑念なく座禅に集中している様をうしろから見ていて、すぐにそれを見抜いたようなのです。

僕は喜びで胸がいっぱいになりました。そして、その瞬間にわかったのです。

「無」になる、ということは空っぽになることではなかったのです。それは「今現在」に100％集中すること。心の中から、過去や未来を追い出して、空っぽにするのではなく、「今」で満たすこと。今に「一意専心（いちいせんしん）」することだったのです。

「そうか……、『無』とは今のことなのだったのだな」と思ったのです。

そして、先の言葉とつながりました。**「小倉、考え込んでいるのはな、ヒマな証拠だよ」「心配することが多いのは、今を懸命に生きていないからだ」。**かつて僕が新人時代にお世話になった上司から教えてもらった言葉と禅寺の導師の言葉がつながったのです。思いがけずも、まったく同じ意味だったのです。

それ以来、僕は仕事がうまくいかずに思い悩み、手が止まったときに自分に話しかけます。「それはヒマな証拠だ」「今を懸命に生きていないからだ」と。

そして、とにかく「今」に集中します。ペンで字を書くなら、ペン先の感覚に意識を集中してみます。パソコンで文字を打ち込むなら、キーのタッチに意識を集中してみます。すると、後先の心配ごとなどが後景に退き始めます。そして、**「今」やるべきことのみに全力を注げるようになる**のです。

そのとき僕の心は静まり、苦しみは消えていきます。そして、何をすればいいのか、という道筋が見えてくるのです。

僕たちの日常の仕事も、実は禅の修行とまったく同じことだったのです。

言葉3

「自己嫌悪」で苦しいとき

ダメな**自分**でいいじゃないか。

ずたずたになったプライド

仕事とは挑戦の連続です。はじめからうまくいくことなどありません。失敗して、恥をかいて、とことん落ち込む。ときにはダメな自分を許せなくて自己嫌悪におちいることだってある。仕事に身が入らず、さらに失敗を重ねてしまう悪循環におちいることもあるでしょう。僕もそうでした。あれは30歳のころ。コンサルタントになりたての僕は大失敗をやらかし、深い自己嫌悪におちいっていたのです。

「ちょっと質問、いいですか？」

眼鏡をかけたやせ型の、神経質そうな経理部長が、サッと手を上げます。

僕は嫌な予感がしました。先ほどからしかめっつらをして、批判的な目で僕をにらんでいたのが、この経理部長。おそらく文句をつけてくるに違いありません。

ここはクライアントの役員会議室。新米コンサルタントの僕は、内心の不安を隠しながら、強がって役員会を仕切っていました。テーマは経営理念の再策定と浸透。若き2代目社長から依頼を受け、僕が中心となって仕切る、最初の大仕事です。僕はいただいた信頼にこたえようと精一杯の努力をしていました。

しかし、経験不足はいなめません。また30歳という若さも、この仕事には大きなマイナスとなる。なにしろプロジェクト・メンバーの大半は50~60代なのです。彼らから見れば、僕なんぞは、ひよっこのハナたれ小僧。そんな中、ベテランの経理部長からにらまれ、僕は内心のどぎまぎを隠して、必死に平静をよそおっていたのです。

「小倉さん、一つ質問があります。そもそも、なぜこのようなプロジェクトが必要なのでしょうか？ 当社には先代社長が定めた立派な経営理念がすでにある。それなのに、なぜ、わざわざこのプロジェクトに大金を使うのか。経営をよくするどころか、不用なお金を使うことで、経営にはむしろマイナスを与えるのではないのか？ 僕にはそうとしか思えない。この時間は無駄ではないのですか？」

うっ……。そこを突いてきたか……。プロジェクトの存在意義までも否定してくるとは予測していなかった……。

僕はどのように答えようかと高速で頭脳を回転させていました。しかし、心臓の鼓動がどんどん大きくなり、頭が正常に働きません。

ええっと……。僕は軽い目まいを感じながら必死に体勢を立て直そうとしていました。視線の先には、僕を信じ任せてくれた若き2代目社長がぼんやりと見えます。社長の表情は心配そうです。しかし、彼は僕を援護射撃することなく、この場を見守る模様。僕は覚悟を決めて話し出しました。

経営理念は企業にとって最も大切なものであること。経営トップの代替わりにより、変えるべきもの、変えてはいけないものを整理する必要があること。さらには、ここに集まっている経営幹部自身が、理念を実践していく模範とならないことには決して理念は実践されないこと。そのためには、もう一度イチから責任感を持って議論するプロセスが必要であること。それらを必死に話し、伝えたのです。

しかし、僕と親子ほど年が離れている経理部長は、まったく相手にしてくれません。僕の話を鼻で笑いながら、「そんなことはわかっている。私が聞いているのはそこじゃない！」と語気荒く僕の言葉をさえぎったのです。

僕はその時点で完全にパニックにおちいりました。あとをどのように収めたのか。記憶にないほどの状況でその日の会議は終わりました。

理想の〝自分〟と実際の「自分」がずれている

僕はそれ以来、自分を責め続けました。

もうおしまいだ。この先、このプロジェクトは絶対にうまくいかないだろう。それもこれも全部自分の責任だ。おれはコンサルタント失格だ。恥ずかしくて、あの会社には二度と行けない。上司にも謝らなければならない。コンサルタントの同僚たちにも笑われバカにされてしまうだろう。大変な恥をかいてしまった。もう会社にも行きたくない……。

僕はこのクライアントの仕事をしているときだけでなく、ほかのクライアントを訪問しているときも、会議や打ち合わせのときも、食事の最中も、夢の中までもずっと同じことを繰り返し考えていました。そして、自分を責め続けたのです。

自分で自分を責めると、苦しくなります。

ましてや、それを24時間繰り返したとしたら……。僕は頭がおかしくなりそうでした。

そして、この苦しみから逃れたい、と必死に考えました。「なぜ、自分はこんなにも苦しいのか」と。「どうすれば心が楽になるのだろうか」と。

この「なぜ？」という問いかけが転換点になりました。

自分を責めるモードから一転、冷静に苦しさの原因を分析するモードへ変わった途端、突然、ふっと光が見えてきたのです。

なぜ、苦しいのか？

苦しいのは、自分を責めるから。

自分を責めるのは、自分が期待する自分と実際の自分がずれているから。

もし、そうだとしたならば、期待を下げればいいのでは？

自分なんてしょせんたいしたことはない。新人であり、経験も少なく年も若い。その事実を受けいれればいいのではないか。

できなくてもしょうがない。ダメなコンサルタントだっていいじゃないか。それが現実なのだ。**ダメな現実を受けいれよう。そして、自分にできることだけを一所懸命やろう。**

そう考えた途端に心がふっと軽くなったのです。

僕は、心の中でこんな言葉をつぶやきました。

「ダメな自分でいいじゃないか。人間らしいじゃないか。チャーミングじゃないか」

そして心に誓いました。ダメな新人らしく、一所懸命さだけは誰にも負けずにがんばろう。それ以外は背伸びをやめよう。自分を受けいれよう、と。

そう思えたとき、初めて目の前の仕事に真剣に取り組むことができる。

強がって、**〝できる自分〟を演出しているうちは、むしろ本気ではない。**

できないことはできない。

しかし、できることは精一杯やる。

そう考えたときに初めて、本当の真剣さが生まれるのだと思います。

「ダメな自分を受けいれる。できることだけを必死にやる」そんな生き方が見つかったとき、僕は心がふっと軽くなるのを感じたのです。

いつまでもクヨクヨしてしまうとき

よくなろうと悩んでいる。
それだけで尊い。

誰にも会いたくないほどに落ち込んでいた

真剣に仕事に取り組めば取り組むほど、悩みは常につきません。

かくいう僕も、悩みがなかったことはないといってもいいほど、悩みっぱなしの仕事人生でした。

しかし、あるときを境に、悩みが悩みでなくなった。

悩んでいる自分を「これでいいんだ」と認めることができるようになったのです。

そんなきっかけを紹介しましょう。

あれは、数年前のこと。僕が悩みのピークにいたときの話です。

そのとき僕は後悔のまっただなかにいました。知人とコラボレーションで始めたビジネスが暗礁に乗り上げ、撤退を余儀なくされていたからです。

投下した費用と時間が無駄になる。失敗という苦い体験が傷口にすり込まれる。しかし、それだけならば、まだたいしたことはありません。事業を始める際に巻き込んだ知人や友人にも迷惑をかけてしまっていたことが、心苦しかったのです。僕は、こんな問題を起こしてしまった自分を心の中で、繰り返し責めていました。

そんなとき、たまたま別の友人から連絡がありました。

「小倉さん、久しぶりにのみませんか？」

悩んでいるときは、友人に会うのも億劫（おっくう）になります。元気がない自分を見せたくない、という気分もある。

しかし、だからこそ、僕はそんなとき、積極的に外へ出るようにしています。ネガティブな気分のとき、人に会わず外に出ないと、余計にマイナスのスパイラルへ落ち込むことを経験則で知っているからです。

その日も僕は、重い気分にムチ打って、無理矢理、約束の店へむかったのでした。

僕を誘ってくれた友人、中島さん（仮名）は30代後半の僧侶です。いつも僕の著作を読んでくださる読者であることがご縁で知り合いました。そして、互いに考え方や興味の一致が多く、会話が楽しいことから、ときどき会って食事をする間柄になったのです。

「小倉さん、体調が優れないのですか？」

開口一番、彼はそう言いました。

いかん、いかん。表情が暗いままだったのでしょう。すぐに中島さんに見抜かれてしまいました。いや、そうでもないんだけど……。もごもご言いわけをしながら、二人でビールを頼むことにしました。そして、僕は問わず語りで、先の経緯をぽつりぽつりと話し始めました。

さすがは僧侶です。無心で僕の話を聞いてくれる中島さんの柔和な微笑を見ているだけで僕は癒やされるような気がしました。話を聞いてもらっているだけで心が軽くなっていったのです。気がつけば、僕は長々と話しこんでいました。

すると、中島さんは僕の話を最後まで聞いたうえで、たった一言だけ、こう言ったのです。

「小倉さん。悩んでいるだけで、すでに小倉さんは菩薩（ぼさつ）様なのですよ」と。

「えっ？　菩薩様？　この僕が？……」

とまどう僕に中島さんは、にっこりと笑いながらうなずきます。

そう、菩薩様ですよ、と。

「悩んでいる自分」に価値がある

中島さんは続けます。

「菩薩とは完成された仏様のことではありません。仏様になりたいと悩み、修行している人を菩薩と呼ぶのです。そして、まだ修行中ではあるけれど、必死に修行している菩薩様を見て、人々はその姿を美しい、神々しいと思い、手を合わせる。修行中の未完成な菩薩様に祈るのです。だから、小倉さんは悩んでいる、よくなろうとしているだけで、十分に尊いのです。小倉さんはすでに菩薩様なのですよ」と。

「僕が？　僕ごときが、すでに菩薩様なのか……」

僕は、中島さんにそう言ってもらい、なんだか仏様から許しを得たような不思議な気持ちを感じていました。少し心が軽くなったように感じたのです。

そうか、仏様は完成された姿の僕たちを許してくれるのではないのだな。現在進行形の修行中の身、途中段階の僕たちをも認めてくださるのだ。努力し、悩んでいることすらも認めてもらえる。**必死に悩んでいる姿は、他人から見れば尊い**のだな。そんな考え方に気づき、僕は、急に自分を許せるような気がしてきました。

そして、悩んでる場合じゃないと思いました。

ビジネスで迷惑をかけた人たちに、誠心誠意つくせばいい。うまくいかなかった過去を見るのではなく、未来の努力を誓えばいい。

そう思ったときに、僕のやるべきことが見えてきたのです。

ウジウジと過去を後悔することが僕のすべきことではない。

今からできることに120%集中するのだ。

その姿こそが菩薩様なのだと。

僕は、すっきりとした気持ちで中島さんの目を見つめました。

「中島さん、胸のつかえがすぅーっとなくなりました。今日はのみましょう!」

さっき泣いたカラスがもう笑った。

中島さんもニコニコとしながらビールジョッキを持ち上げて乾杯につきあってくれました。そして、僕たちは楽しくときを過ごしました。それまでの暗い雰囲気がウソのように晴れたのです。

「このままでいい」と思えるから、がんばれる

人は誰しも、自分を認めてほしいと思っています。

しかし、認めてもらう自分になることはむずかしい。

なぜならば、僕たちは〝なりたい自分〟と遠くかけ離れてしまっているからです。

営業目標を達成したいのに、達成できない自分。一番になりたいのに、ビリから数えたほうが早い自分。好意を寄せている相手から愛されたいのに、そうはいかない自分。

ダイエットしてやせたいと思っているのに、体重が減らない自分……。

そんな、できないことばかりの僕たちをほめて、認めてくれる人は少ない。

誰も自分をほめてくれないし、自分で自分を認めることもできない。

つらく苦しい毎日が当たり前のようにあるのが普通の人ではないでしょうか。

もちろん、僕もその一人です。

しかし、先の「小倉さんは、すでに菩薩様なのですよ」という一言で僕は救われました。

だから、みなさんにもこう言いたいのです。

「みなさんも、**悩んでいるだけですでに菩薩様なのですよ**」と。

コーチング用語で「成果承認」と「存在承認」という言葉があります。

成果承認とは、何かを達成したらほめて認めること。

逆に達成できなかったら、認めてもらえない。会社組織でよくある普通のほめ方です。

しかし、実際にほめてもらえるのはごく一部。

多くの人は成果を達成できずに認めてもらえないのが常です。

一方で、存在承認とはそれとはまったく違う考え方です。

成果があがろうが、あがるまいが関係ない。

「あなたがチームの一員としていてくれるだけで僕はうれしい」というのが存在承認です。

優秀なコーチや管理職はこの成果承認と存在承認の両方をきちんと使っています。

存在承認をすることで、誰もが安心できる。

結果が出せないからと、不用意に自分を責めたり、落ち込んだりせずに、心にゆとりを持って仕事に取り組める。

だからこそ、本来の力が発揮できる。高いモチベーションを保てるのです。

僕は中島さんから**「小倉さんはすでに菩薩様です」と言われることで、この存在承認を受けた**のかもしれません。

結果は出ていないけれど、悟りなどはとうてい開けないけれど、がんばっていれば仏の道チームの一員として認めてもらえるのだな。そんなふうに感じたのです。

第2章

戦わない働き方

言葉5

仕事がうまくいかないとき

観葉植物に水をやらない人が、お客様を大切にできるわけがない。

忙しすぎて、すり減った心

仕事をしていると〝踏ん張りどころ〟というものが必ずあります。

「納期が迫っている」「売り上げが足りない」。そんなとき、つべこべ言わず、遮二無二（しゃにむに）動くのは大切なことです。そんな経験を重ねることで力がついてくるものです。

ただし、それも行きすぎては問題です。目の前しか見えなくなり、あせって心がすり減っていく。毎日の生活に潤（うるお）いもなくなり、疲れ果てる。やがては、がんばる気力さえもなくなるほどになってしまう……。ただ、ひたすら苦しいだけです。

僕にもそんな経験があります。

あれは今から10年以上前。まだ我が社を創業して間もないころのことでした。

「もうこうなったら、なりふりかまってはいられない。オレが最前線に出て行く！」

僕は社内にそう宣言し、自らトップセールスで陣頭指揮（じんとうしき）をとることにしました。年度計画として立てた目標にまったく到達しない日々が数カ月続き、このままでは目標達成が不可能になってしまうかもしれないという瀬戸際（せとぎわ）でした。僕は、現場に仕事を任せて部下を育てるという大義を捨てて、猛然とリカバリーに走り回り始めました。

すると、すぐに効果が出始めました。「このお客様はもう無理だろう……」。皆があきらめていたお客様から立て続けに新規受注が決まりました。

さらには、「僕に会いたい」とお客様のほうからオファーもいただき、威勢のいい受注報告が次々と上がるようになりました。

社内はワッと活気づきました。

しかし、そんな流れも2カ月ほどでピタリと止まってしまいました。すでに仕事がいただけそうな見込み顧客からは契約をいただいてしまい、ここから先はじっくりと時間をかけて関係を築かなければならないフェーズに入ったようです。「このままでは、計画が未達成になってしまう……」。僕はあせりました。

僕は社内に猛烈にハッパをかけ、さらには自らの活動量もぐっと増やしました。事務所でゆっくり資料を作るのももどかしく、全国を文字通り駆け回りました。

気がつけば、社内にいる時間はほとんどなく、家もほとんど留守にしたままでした。たまに自宅に帰ってみれば、書斎は書類であふれて荒れ果て、観葉植物もしおれて、妻の表情も暗くなっていました。当時まだ元気だった母から届いた実家新潟の名菓、笹団子もカチカチに干からびて食べることができなくなっていました。

僕は、とても物悲しい気持ちになりました。

「あぁ、オレが仕事にかまけて、家庭を放ったらかしにしたからだなぁ……」

そこには、かすかな罪悪感もありました。しかし、そんな気持ちにひたってばかりもいられませんでした。家族を守るためにも、オレは働かなければならないんだ。オレには家族と、従業員を守る義務がある。申しわけないが、オレはやるべきことに集中しなければならないんだ。わかってくれ……。

僕はそう思い、ますます仕事にのめり込んでいきました。しかし、思うように結果は出ません。

「こんなにやっているのに……。いったい、どうしたらいいんだ……」

僕は、弱気な表情を社員に見せず強がっていましたが、心の中では途方に暮れていました。そんなムリをしているせいでしょうか、心はすり減っていくばかりでした。

荒れた部屋が「自分の姿」

ただいま……。

そんなある日、地方出張から久しぶりに帰ってみると、玄関に置いてあった観葉植物のオリーブの木は、葉っぱがすべて落ち、無残に枯れ果ててしまっていました。それは、僕の現状を暗示しているようにみじめな姿でした。

「なぜ、こんなにがんばっているのに結果が出ないんだ？」

繰り返し、頭の中で問うていた僕は、その無残なオリーブの木を見てハッとしました。そして、突如わかったのです。がんばっても、がんばっても、うまくいかない理由がはっきりとわかったのです。

オリーブの木が枯れてしまった原因は明らかです。

僕が忙しさにかまけて水をやらなかったからです。植物にとって唯一の食物である水もやらずに僕は仕事ばかりをしていた。

しかし、自分自身はといえば、きちんと三食おいしい食事をとっていたのです。

自分はおいしいものを食べておきながら、オリーブには食事となる水をあげるのをさぼっていた。

つまりは、**オリーブという他人よりも、自分を優先していたということ**になる。そこに問題の原因があったのです。

あぁ、そうか。そういうことか……。

僕は後悔の念を覚えながら、考え続けました。

僕はあせってしまい、自分の売り上げ、つまり自分の利益ばかりを考えていたのです。

植木にも水をやらず、母親からの思いやりのこもった田舎からのお菓子にお礼も言わず、仕事ばかりをしていた。

それはすなわち、相手よりも自分の都合を優先するということ。**「自分が正しい」「自分が優先」「自分が、自分が……」といういやしい心のあらわれ**だったのです。

「その姿勢がそのままお客様にもあらわれているに違いない」と僕は思いました。

本来であればお客様の悩みを解決するのが僕たちコンサルタントの仕事です。

しかし、当時の僕は自社の売り上げを上げることばかりを考えていた。お金の亡者になっていたのです。そこに、お客様を思う視点はありませんでした。

そんな**僕のいやしい心は、目の前の自宅の様子にそのまま反映されていた**のです。枯れてしまったオリーブの木や、干からびて食べられなくなった、母親から送られた笹団子にすべてがあらわれていたのです。

僕は自分が情けなくなり、腹立たしくなりました。

しかし、なぜか同時に、すっきりとしたさわやかな気持ちにもなっていたのです。それは思い悩んでいた謎が解けたからです。思うように成果が出ないのは、自分のことしか考えていないから。いちばん大切なお客様や目の前の相手を思う心、大切にする心をなくしていたから。それがわかったからです。きわめて明快に、今後進むべき道が見えたのです。

僕は早速、部屋の掃除を始めました。

そして、母親に電話をしてお礼を伝え、毎朝、欠かさずにオリーブの木に水をやるようにしました。

すると、心がほっとしました。

と同時に、これまでおろそかにしてきたお客様一社一社へ、ご恩返しをする方法が頭に浮かんできました。それまでは、むやみに営業をかけるばかりだったのですが、お客様のために何をすべきかが極めてリアルに頭に浮かぶようになってきたのです。

あせりを覚えて、仕事、仕事、仕事……と気持ちが急き立てられるとき。そんなときこそ、意識して身のまわりのものに愛情をそそいでみてください。それこそが、苦しい状況を脱する道を拓いてくれるはずです。

ちなみに、あれから10年以上経ち、現在我が家の植木はどれもみずみずしい葉をたっぷりと茂らせています。

それは、命を削って僕に大切なことを教えてくれたオリーブの木への恩返しでもあるのです。

言葉6

相手に怒りを感じたとき

過去と他人を変えることはできない。
未来と自分を変えることはできる。

「ダメ出し」したくなる相手

「ダメダメダメ。そうじゃない」

クライアント先でのミーティングの休憩時間。

僕は、一緒に会議を仕切っていた我が社のコンサルタントの本山さん（仮名）に思い切りダメ出しをしていました。

「何回も言っているだろう？　クライアントにゼロから考えさせちゃいけないんだ。それではコンサルタントの存在意義がないだろう？」

「そうじゃなくて、顧客の思考の手間を削減するんだ。先方の課題が出てきたところで、すぐにアドリブで解決の道筋を複数案用意する。『その課題であれば、A案、B案、C案などが思い浮かびます。それぞれのメリット・デメリットにはこんなことが予測されます』。こんなふうにすぐに、サッとまとめるんだ。それをしないで、『どうしましょうか？考えてみましょう』なんて言っていては、契約を打ち切られてしまうぞ」

「はい」

口を真一文字に結んでくやしそうに本山さんが返事をする。

「申しわけありません……」

「あやまる必要はない。次からきちんとやってくれ」

僕はそう言って、打ち合わせを終わりました。後半戦での本山さんの巻き返しに期待です。きっとわかってくれるはず。変わってくれるはずだと信じて。

ところが……。後半戦のミーティングでも、本山さんの仕切り方は前半と変わりありませんでした。能力不足で上手にできないのなら、まだ納得がいきます。しかし、そうではなく、本山さんは、先に注意した内容を取り入れようとしないのです。能力の問題ではなく意欲の問題。僕は腹が立ってしかたがありませんでした。

「なぜ、わからない？　なぜ、やろうとしない？」

「なぜ、上司である僕の忠告を無視する？　まったくもって信じられないヤツだ」

僕は、ミーティングが終わるのを腹立たしい気持ちで待ちました。「なぜ、やろうとしないのか？　真意を徹底的にただしてやろう」と。

「正しい」と思ってるのが、間違いのもと

そして、僕は本山さんを責めました。ミーティングが終了してから会社までの帰り道、延々と「なぜ、やらなかったのか？」と質問ぜめにしたのです。

「はい……申しわけありません……はい……すみません……」

本山さんはただあやまるだけです。僕はくやしいやら、腹立たしいやらで、腹の虫がおさまりませんでした。そして、こう告げたのです。

「そんな気持ちのままだったら、我が社に本山さんがいることはできないぞ。変わろうという気がないのなら、もうこの仕事を任せることはできない。本山さんには別な種類の仕事をしてもらうことになるぞ。それでもいいのか？」

本山さんは恐怖を感じたのでしょうか。

「必ず次には改めます。申しわけありませんでした」

そう変わることを宣言してくれたのです。僕はようやく胸のつかえがおりました。

「ようやく、わかってくれたか……」

僕は、次回以降の本山さんの変化に、大きく期待するのでした。

ところが2週間後。再びクライアントのもとを訪れると、本山さんはまたもや、前回と同じような議事進行を続けました。しかも、そこには僕の忠告を反映しようと努力する姿勢もまったく見受けられません。「次には改めます」という言葉はその場しのぎだったのか？　僕はまたもや、腹が立ってしかたがありませんでした。

僕はあきれ、あきらめてしまいました。そうまでして、自分流でやりたいのなら、好きにしろ。もうおまえのことなど知らんぞ、と。

そして、考えました。どう客観的に考えても、僕が言っていることは正しい。しかし、彼は意志をもって、僕の助言とは違うやり方を押し通しているようだ。「それはなぜなんだ？」「なぜ、僕の正しい助言を聞かずに、自己流を貫くのか？」。僕は強い怒りを感じながらも、その原因について必死に考え続けました。

「ロシアの地図」と「日本の地図」のどっちが正しい？

そんなある日。ネットでニュースを読んでいると、不思議な地図が目に入ってきました。

それはロシアの学校で使われている奇妙な世界地図でした。

当たり前のことですが、日本で作る世界地図では、日本が中心にあって、北方領土は日本の領土として描かれています。しかし、ロシアの世界地図ではロシアが世界の中心にあり、北方領土はロシアの領土になっています。これは、僕たち日本人から見ればおかしなこと。しかし、ロシア人から見れば、「日本の地図がおかしい」となるのです。ここで大切なのは「どちらの主張が正しいか」ということではなく、「お互い両方ともが自分が正しく、相手が間違っている」と考えているということです。

職場の人間関係も一緒だな……。

僕は、そう思いました。人それぞれに正解は違う。

つまり、本山さんは、本山さんが正しいと思う進め方で会議を進めていたわけで、決して本山さんから見て、間違っているやり方、おかしなやり方をやっていたわけではないのです。それは、僕から見れば、おかしなやり方に見えますが、彼からすればベストなやり方。それを真っ向から頭ごなしに否定されれば、彼も意固地になるというもの。世界地図と同じことがここでも起きていたというだけのことだったのです。

しかし、それでも僕は納得ができませんでした。

なぜならば、彼のほうがはるかに経験が少なくスキルも低い。さらに会社組織での地位も低い。

「それなのに、なぜ僕の言うことを聞かないのか？　明らかに僕のほうが正しいのに……」

僕はまた、もとの思考に戻ってしまいました。

すると、かつて本で読んだある言葉が頭に浮かんできました。

過去と他人を変えることはできない。

未来と自分を変えることはできる。

心理学者のエリック・バーンの言葉です。

そうか。オレはそもそも不可能なことをやろうとしていたんだ。

だから苦しかったのか……。僕は目から鱗が落ちたような気がしました。よくよく考えてみれば、僕たちは自分の子どもですら変えることはできません。僕たちは、自分の子どもに比べれば、力関係も能力も経験も明らかに上です。しかし、それでも子どもは親の言うことをききません。それは夫婦間でも同じこと。

さらに言えば、僕たちは自分を変えることすら簡単ではありません。それなのに、いわんや、他人を変えることなど、できるわけがない。

バーンの言うとおりなのです。

僕は不可能なことをやろうとしていた。だから腹が立ち、イライラとしていた。完全な〝ひとり相撲〟で疲弊（ひへい）していたのです。不可能なことならば、やらなければいい。それに気づいたとき、僕は肩の力がフッと抜けていくような気がしました。

「自分が変わるからおまえも変われ」はただの取引

エリック・バーンの言うとおり他人を変えることはできない。では、どうすればいいのでしょうか？

僕はこの難問について10年以上考え続け、試行錯誤を続けてきました。そして、わかったことがあります。それは、**「相手を変えることはできないが、相手が自ら変わりたいと思うきっかけを作ることはできる。そして、変わりたいと願う相手を助けることはできる」**というものです。

人は押しつけられるとこばみます。

感情を操作されようとすると「操作されまい」と反発します。ですから、強制してはうまくいかない。その内容がどんなに正しくても、理にかなっていても、**強制した瞬間に失敗が確定する**のです。

そうではなく、押しつけずに中立的に助言を目の前に並べるのです。「こんなやり方もあるよ」「僕はかつてこんなやり方でうまくいったな」「でも、決めるのは君だ。自分で選んでごらん」。そうすることで、相手が自ら選ぶ手助けをすることはできるのです。

しかし、そこで「こっちのほうがいいと思うよ」などと、中立的なふりをしながら誘導してはいけません。さらには、「自分が変わるからあなたも変わりなさい」と交換取引をしてもいけない。

「俺はこんなにガマンしてあいつの言うことを受けいれているのに、あいつはまったく俺の言うことを聞いてくれない。許せん」

こんな考え方はニセモノです。それは単なる交換取引でしかない。形を変えた強制の一種でしかないのです。

僕たちが**中立的なふりをした「誘導」や「交換取引」を持ちかけた瞬間に、相手は不信感を持ち、心の扉をシャットアウトします。**それは、上司・部下の関係に限りません。夫婦、親子、友人関係も同じことです。

だから、**ただひたすら、相手にきっかけを与え続けていく**のです。

ポイントはテクニックの有無ではなく、心の底から相手を支援したいと望むこと。そして、きっかけを与えたうえで、それでも相手がそれを受け取らなかったときに、決して強制しないこと。そんなときには、**いさぎよくあきらめ、また、明日からやり直せばいい**のです。

相手を信じて待つ心こそが大切なのです。その心を持てたとき、僕たちは怒りを手放すことができます。そして、すばらしいチームを手にすることができるのです。

誰かを傷つけ、
それが戻ってきただけのこと。

怒りを乗り越える方法

仕事をしていると、聞きたくもない自分に関する陰口が耳に入ってくることがあります。

すると、腹が立って、心が苦しくなって、仕事に身が入らなくなります。

僕にもそんな経験があります。

そんなときにどうすればいいのか？

僕はある陰口を契機（けいき）に、その怒りを乗り越える方法を見つけることができました。

あれは、もう何年も前のことです。

「え？ 原田さん（仮名）が、そんなことを言っていたの？」

もっとも信頼できる仕事上の外部パートナー。原田さんに、僕はこれまでむずかしい仕事をたくさん手伝ってもらってきました。そして、これからもお願いしていくつもりでした。しかし、残念ながら、その思いは僕からの一方通行だったのかもしれない……。そう思うと目の前が真っ暗になるような気がしました。

僕は原田さんに難しい仕事をお願いするぶん、相場よりもいくぶん高めの謝礼を支払ってきたつもりでした。そして、友人が業者さんを探しているときも、真っ先に彼を紹介するなど、便宜を図ってきたのです。

そんな彼が、こんなことをこぼしていたのです。

「小倉さんからの仕事はきつくて値段が安い。割に合わずやっていられない」

それを聞いた瞬間に、僕は、はらわたが煮えくり返る思いがしました。

怒りの感情でしょうか。手がぶるぶると震えています。

こんなにやってあげたのに、お返しはその仕打ちか……。

わざわざ、陰口みたいなことを言いやがって……。

納得できない感情がぐるぐると腹の中を駆けめぐります。

熱くなってはいかん。

冷静に、冷静に。

僕はふぅーっと長い息を吐き、自分を落ち着かせようと試みました。

そして、自分に言いきかせます。

原田さんの言葉は、僕自身が直接聞いたわけではない。又聞きの伝聞。ニュアンスが曲がって伝わっているかもしれないじゃないか。

しかし、そう思った瞬間に、自分の中で別な声が聞こえてきました。

いやいや、彼が何か不満めいた発言をしたことに間違いはないだろう。それらしいことを一言も言っていないのに、このような伝聞が伝わるはずはない……。

僕の頭の中で混沌(こんとん)とした思いが錯綜(さくそう)し始めました。

胃がキリキリと痛みました。

「おかしいのは原田さん」

という思いと、それとは反対の、

「もしかしたら自分が何か間違ったことをしてしまったのかもしれない」

という疑いの心とが、交互にひっきりなしに襲ってきました。

気がつけば、僕の額には脂汗がうっすらとにじんでいます。強烈なストレスにさらされていることだけは間違いなさそうです。

僕は再び、原田さんの表情を思いだしながら、心の中で叫びました。

「なぜだ？　なぜそんなことを言うのだ？」と。

「自分も同じあやまちをした」と考える

このときも、「なぜ?」という問いかけが新しい思考を生み出しました。

いつのまにか、僕は、原田さんと初めて仕事をしたときから現在までの数年間を、頭の中で反芻（はんすう）していました。

ミスをして、クライアントへ一緒にあやまりに行ったこと。

仕事で大きな成果をあげ、がっちり握手したこと。

徹夜続きの中、夜中に一緒にラーメンを食べに行ったこと。

互いの家を行き来して酒をのんだこと。

仕事上で熱く言い争いをしてしばらく口をきかなかったこと。

その後、仲直りしてまた酒をのんだこと……。

あっ……。

そのとき、僕はある場面を思いだし、息が詰まるような思いに駆られました。

そうか、あのとき。オレも、原田さんに向かって、彼と同じような陰口を口にしていたことがあったじゃないか……。

僕が原田さんと熱く言い争いをした後、別の友人に向かってグチめいたことを言ったのを突然思いだしたのです。

「原田さんには、もう少し腕を上げてもらわなくちゃ困るよね。こっちは、相場よりもだいぶ高めの謝礼を払っているんだからね。そろそろ仕事で返してもらわなくちゃ。こっちも慈善事業をやっているわけじゃないんだから……」

もしかしたら、この言葉が原田さんに伝わってしまったのかもしれない。まるで、原田さんの言葉がまわりまわって、僕のところへ届いてしまったように……。

待てよ。ウワサには尾ひれがつく、というじゃないか。

もしかしたら、僕の言葉に尾ひれがついて、もっとひどい中傷の言葉として、原田さんに伝わってしまったのかもしれないぞ……。

僕は肝がすぅーっと冷えていくのを感じました。

そして、この瞬間に原田さんに対する怒りの気持ちが、完全に消えていることに気がつきました。

なんだ？　この感情は……。

僕は不思議な心持ちでした。

原田さんから不満を言われたという「事実」には変わりはないはずです。にもかかわらず、僕の感情は大きく変化している。僕自身が原田さんへ失礼なことを言ってしまったという悔恨（かいこん）の気持ちが芽生えるとともに、**怒りや悲しみの感情はきれいに消えてしまっている**ではありませんか。

この感情の変化は何なのでしょうか？

この瞬間、僕は悟りました。

そうか、**他人の言動にカチンと来たときには、「相手と同じあやまちを過去に自分がしている」と思えばいい**のだ、と。

もしかしたら、それは当の本人にしてしまったことではなく、まったくの第三者にしてしまったことかもしれません。たとえば、先の例でいえば、原田さんではなく、誰か別の友人に対してひどい陰口を言ってしまったのかもしれないということです。

しかし、どちらにせよ、**自分だって「同じ穴のむじな」であることにかわりはありませ**

ん。人様のことをとやかく言える立場でないことだけは、確かなのです。

そして、そのことを自覚したときに怒りの感情が消えていくということを僕は発見したのです。

怒りを感じたら、こう思えばいい。

「自分だって同じことをしてきたじゃないか。他人に怒りを感じる資格なんてないんだ」

そうすれば、怒りを手放すことができるんじゃないか……。

「立派な人間」でなくていい

多くの場合、僕たちは自分にとって「都合のいいこと」だけを覚えており、「都合の悪いこと」は忘れてしまいます。そう、先の原田さんに対する僕のように……。つまり、**僕たちは誰かを傷つけたという罪を忘れていることが多い**のです。

そして、僕たちはこう思いがちです。

「自分はそんなひどいことをしていないよ。罪滅ぼしなんてする必要はないよ」

しかし、それは自分にとって都合が悪いから覚えていないだけなのです。人間とはそんな存在だからこそ、僕たちにとって「罪滅ぼし」は必要なのです。

それでも、どうしても罪の記憶がないというのであれば、**一つ誰かに「貸しを作った」と思えばいい。**「罪滅ぼし」ではなく、相手へ「貸しを作った」と思えばいいのです。

相手が誰であってもかまいません。

上司であっても、部下であっても、友人であっても、家族であっても……。

「過去に誰かを傷つけ、それが戻ってきた」

カチンと来たら、そう考えるクセをつけてみてください。

きっと、相手を許せるようになり、心の中の苦しさも消えていくはずです。

そして、もう一度、相手との関係を築こうという前向きな気持ちになっているに違いありません。

言葉8

納得できないクレームを受けたとき

誰ひとり賛同してくれなくても、己の信念だけを見よ。

僕の対応を一方的に全否定された

生きていると、思わぬ誹謗（ひぼう）中傷を受けることもあります。

よかれと思ってやったことに対して激しく責められたり、バッシングを受けたり……。

そんなとき、まるでボクシングのカウンターパンチを受けたかのように大きな衝撃を受けるでしょう。

僕にも何度もそんな経験があります。

そして、僕はそんな苦しみの中に光を見つけることができました。

江戸時代に隆盛した朱子学の開祖の一人であり、代表作である『言志四録』を通じて、現代の経営者にも根強いファンを持つ佐藤一斎の有名な句の中に、大いなる真実を見つけることができたのです。

そのときも、僕は苦しんでいました。

あるお客様を紹介いただいた代理店さんから、納得できない理由でクレームをつけられ、僕の対応を全否定的になじられてしまったからです。

僕は、その代理店さんからお客様をご紹介いただいたことに、ウソいつわりなく感謝していました。そして、できるだけ途中経過を共有し、お世話になったことにむくいたいと考えていました。紹介してくれた代理店さんをなるべく立てようと思っていたのです。

しかし、ある日のこと、その代理店さんが烈火（れっか）のごとくお怒りになって僕に電話をかけてきました。

「小倉さん、あなたは礼儀というものを知らないのか？　なぜ、私に無断でお客様に手紙など書いたのですか？　私の大切なお客様を奪おうとしているのですか？」

思いもよらない怒りを目の当たりにして、僕は言葉をなくしてしまいました。

「なぜ、小倉さんは私に無断で自分が書いた本をお客様に送ったりしたのですか？　そうまでして、自己ＰＲをしたいのですか？　自分の商売を増やしたいとばかり思わずに、もっとお客様のことを考えて行動してください。自分勝手な行動をつつしんでくれないと、一緒に仕事をできませんよ」

代理店さんは、そう強い口調で僕を責め立てたのです。

僕は、胸が苦しくなりました。

なぜならば、僕にはまったくそんなつもりはなかったからです。確かに、僕はお客様にお礼の手紙を書きました。そして、その手紙とともに僕の著作をお送りしました。

しかし、それは僕の商売を増やしたいからではありません。もちろん自己PRでもありませんそうではなく、素直に感謝の気持ちを伝えたかったのです。そして、著作をお読みいただくことで、お客様に少しでもお役に立ちたいと思っただけなのです。

それを「自己中心的」「自己PR」と決めつけられてしまい、僕は悲しくなり、そして腹が立ちました。

まるで、どこまで続くかわからない真っ暗なトンネルにさまよいこんだような気がしました。

そのときです。

ふと突然、佐藤一斎の有名な一句が頭に浮かんできました。

一燈（いっとう）を提（さ）げて暗夜を行く。
暗夜を憂（うれ）ふるなかれ。只（ただ）一燈を頼（たの）め。

そして、この言葉が心の奥深くに響くような思いがしました。

そうか、そういうことだったのか……。

この句は、まさに今の僕に対する暖かい応援の言葉だったのだな。

僕は、このときに初めて、この有名な句の真の意味に気づくことができたのです。

一燈を提げて暗夜を行く。

まっくらな夜道。そこへたった一つの提灯（ちょうちん）の明かりのみで歩いて行く。見えるのは小さな灯りが照らす足もとのみ。周囲に何があるかはわかりません。

そんなとき、不安になり、闇を恐れるのが人情というものでしょう。見えないからこそ、余計に気になる。灯りよりも闇のほうが気になるのです。だからこそ佐藤一斎は言うのです。**「暗夜を憂ふるなかれ。只一燈を頼め」**と。

僕は若かりしころにこの句を知ってから、このときまでずっとこの句の真の意味を理解していませんでした。

僕は長く、この句の意味は、「暗闇を恐れるのではなく、希望の灯りを信じて進め」という「ポジティブ思考」を指しているのだとばかり思っていました。暗闇というネガティブを見るのではなく、たとえ小さくても「灯り」というポジティブな部分だけを見る。それが大切だ。そういう意味だと勘違いしていたのです。

しかし、この句はそのような単純な意味ではなく、もっと深い意味があったのです。

信念を胸に淡々と歩む

そうです。一燈とは、抽象的な「希望の灯り」という意味ではなく、それは「信念」を指していたのです。

つまり、こういう意味です。

自分の信念を信じて進みなさい。

たとえ、誰も賛成してくれなくても、応援してくれなくても、それでも怖がってはいけません。

ただ、あなたが信じる信念を貫きなさい。

自分が正しいと信じる道を信じて、それだけを見て歩き続けなさい。

これを、僕の状況に当てはめれば以下のようになるでしょう。

代理店さんから、否定され、自分勝手と決めつけられたまま過ごすのはつらいことです。

それはまさにいつ明けるともしれない「暗夜」でしょう。しかし、その「暗夜」から逃れようと、**納得できない誹謗中傷を受けいれてしまってはいけない。**それこそ、永遠に闇が晴れることはない。だから、その誹謗中傷を気にしてはならない。

そうではなく、「ただ一燈を頼め」。すなわち、自分の信念だけを貫いて歩けばいい。僕がお客様を思い、**正しい行動をしたと思うならば、それを信じればいい。**そして、一歩ずつ歩み続ければ、いつか必ず暗夜を抜け出せるのだ。

僕は、改めてこの言葉を噛みしめたとき、大いなる安堵（あんど）の気持ちに満たされました。そうか、自分を信じればいいのだな。**誰かに誤解されたとしても、誤解させておけばいい。自分は自分の道を歩めば、それでいいのだ……。**

そして、返す刀でこうも思いました。**「だからこそ、独りよがりにならないように気をつけなくてはならないな」**と。

自分を信じる。周囲の雑音にまどわされない。こういうと非常にカッコイイ姿が目に浮かびます。しかし、これは一歩間違えると大変危険な思想になる。自分は正しく、周囲はすべて間違っている。こうなってしまいがちだからです。

しかし、その危険性に気づき、それを理解したうえで厳しくセルフチェックをかける。他人の意見にいったんは耳を傾け、自分が利己的になっていないか、チェックをする。もしも必要であれば、自分の信念を修正すればいいのです。そして、その信念を「一燈」にして、淡々と自分の道を歩き続ければいいのです。

実際、その後、代理店さんは、少しずつ僕の真意を理解してくださるようになりました。そして、代理店さんから紹介されたプロジェクトは大成功に終わり、それ以来、代理店さんが僕を中傷することは一切なくなりました。

暗夜を憂ふるなかれ。只一燈を頼め。そうすれば必ずや理解される日が来ることでしょう。苦しい状況に立たされたときに、僕はいつもこの言葉を思いだすのです。

第3章

こだわらない働き方

言葉9

がんばってるのに報われないとき

豊かだから与えるのではない。
与えるから豊かになるのだ。

余裕のある人がうらやましい

「思いどおりに進まない……」

「いくらがんばっても結果が出ない……」

そんな状況におちいったことがありませんか？　僕にはあります。何かがんばる方向が間違っているような気もするが、それが何なのかがわからない。そんなあせりと不安から抜け出そうともがくほどに、深みにはまっていく……。

しかし、あるとき、僕はひょんなことから、そんな状況から抜け出すきっかけをつかんだのです。

それは今から十数年前。僕がかつてベンチャー企業の役員をしていたころ、社長の自宅にお邪魔して食事をごちそうになっていたときのことです。

高級マンション最上階にあるペントハウスからは、まるで高級レストランのようなすばらしい夜景が見えます。そして、優に100平米はあろうかという巨大なリビングの窓辺には、たくさんの賞状やトロフィーが飾ってありました。何だろう？　スポーツ大会の表彰状かな？

　僕は気軽に社長にたずねました。

「社長、これ、何ですか？」

　すると、社長はこう言いました。

「あぁ、それは、僕が毎年、慈善団体に寄付を続けていることに対する感謝状です。ささやかながらも社会にご恩返しをしようと思って」

　へぇ、さすがだなぁ。僕は感心して続けました。

「僕も社長のように余裕ができたら、ぜひ寄付をしたいものです」

　まさか、その何気ない一言が社長の表情を変えてしまうとは夢にも思わず、軽く口にしてしまいました。

　すると、社長はキッと厳しい表情になり、僕にさとすようにこう言いました。

「小倉さん、僕は成功してから寄付を始めたのではありません。まだ狭くて古いボロボロの部屋に住んでいたとき、社用車が中古のカローラだったころからずっと変わらず寄付を続けているんです」

僕は、「しまった……」と思い、下を向いてしまいました。お金に余裕があるから寄付をする。それはきわめて短絡的な考え方です。社長はあさはかな僕にかんで含めるようにこう続けました。

「小倉さん、**成功する人は皆、ギブ&ギブです。**ギブ&テイクでやっている限り、成功はありませんよ。ましてや、テイク&テイク、自分だけが儲けようとしている人を誰も応援はしてくれません。成功できるかどうかは、自分を応援してくれる人が何人いるかで決まるんです。そのためには、相手の役に立つことです。相手につくすことです。**自分ができる範囲でいいから、自分で独り占めせずに周囲に分け与える**ことです。寄付する、とはそういうことなんですよ」

僕は、社長と自分の器の違いを目の当たりにさせられたようで、恥じいるばかりでした。

そして、「僕も今すぐに寄付を始めよう」と思いました。

すると、社長は意外な言葉を口にしました。

「小倉さん、死海をご存じですか？」

「は、はい。もちろん……」

「死海とは文字通り死の海です。西アジア、ヨルダンとイスラエルの国境にあるその湖はヨルダン川などから水が流入しますが、出口がないんです。つまり、川の水をため込むだけため込んで、誰にも分け与えていない。独り占めしているんです。その結果、塩分が海水の5倍以上もの濃度になり、魚が一匹も住めない死の海になってしまった。**僕たちは死海になってはいけないんです**。自分のもとに流れ込んできた水は誰かに分け与えなければならない。そうしないで独り占めしていると死の海になってしまう。独り占めは死をもたらすんですよ」

僕は、その言葉を聞きながら「ま、待てよ……」と思いました。さっき僕は、「寄付をしよう」と思った。しかし、社長はそんなことが言いたかったわけではないのではないだろうか？

僕はいただいていた給与を自分のためだけにしか使ったことがありませんでした。せいぜいが妻や母親に洋服を買ってあげるくらい。自分の家族以外にお金を使うことはなかったのです。

僕は、僕を助け、チームのためにがんばってくれている部下にも、友人にも、何も与えようとしていなかった。

そのことに気づいたとき、自分が「死海」になりつつあるような気がして、ショックを受けました。

富を増やす唯一の方法

今となってはよくわかります。

「情けは人のためならず」

つまり、他人に情けをかけると、それがまわりまわって、必ず自分に返ってくる。だから、人に親切にしなさい。そうすれば、きっとあなたも親切にしてもらえることでしょうということです。このような人間関係を持っていれば、それだけですでに心の「豊かさ」と「富」を実感できるに違いありません。

何と言うことはない。すべてはつながっているのです。この世に作用している自然の法則は、たった一つに集約されるのだと僕は思います。

そう考えれば、気持ちが楽になってきませんか？

僕たちがうまくいかないとき、行き詰まったときは、余計な心配をしなくてもいい。ただひたすらに、与えればいい。人様のお役に立つことだけを考えればいい。自分だけがいい目にあわずに、それを分け与えればいいのです。

「与えるから豊かになるのだ」

今もこの言葉は僕の指針になっています。そして、この言葉を心の中でそっととなえるたび、すがすがしい気持ちに満たされるのです。

言葉10

恩を仇(あだ)で返されたとき

「してあげたのに」は、狭量(きょうりょう)の証拠。

「恩知らず」に対するイライラ

「……ということで、友人の××さんの新刊は、なかなかいい本に仕上がっています。ぜひ手に取ってみてください。おすすめです」

メールマガジンを書き始めてずいぶん経ちました。数年ほど前から僕は、編集後記のスペースを使って、著者仲間たちの新刊を積極的に紹介するようにしています。

ビジネス書を書く仲間の輪が広がり、いつのまにか、毎日のように新刊を献本いただくようになりました。しかし、今でこそフェイスブックなどで友人の著作を頻繁に紹介しているものの、当初はそれが思い浮かびませんでした。

毎日のようにいただく献本。はてさて、どうしようか……と悩んでいたのです。

そこで、思いついたのが5万人弱もの読者に読んでいただいている僕のメールマガジンで献本いただいた本を紹介することでした。毎回、ネタに困っていた僕にとって、友人を応援しながら編集後記のネタともなる新刊紹介は一石二鳥、渡りに船だったのです。

お陰様で、最近は毎日のように友人の新刊を編集後記で紹介しています。仲がいい作家友だちは、考え方も近く共感することもとても多い。だからこそ、僕のメルマガ読者の皆さんにとっても有益な情報になると思うため、安心して紹介できるのです。

そうやって友人の著作を紹介すると、多くの友人はすぐにお礼を言ってくれます。「小倉さん、ご紹介感謝！　感激です！」。そして、僕が期待したわけではありませんが、僕の著作やメールマガジンも紹介してくださるのです。

そんなとき、僕は素直にうれしく思います。それは互いに紹介し合うことによる、直接的なメリットによる喜びではありません。心と心、気持ちと気持ちが通じ合った喜び。相手を思い合うことのすばらしさに心が温かくなる。そんな喜びです。

しかし、一方で、それとは逆の気持ちを感じることもあります。それは、せっかくこちらが紹介してあげたにもかかわらず、お礼どころか、返事すらない場合です。

「××さん、今日のメルマガで紹介しました！」

そう、こちらからわざわざ報告までしているというのに、お礼どころか、返事の一つすらないのです。

こう言っては何ですが、そんな人に限って、「ぜひ、小倉さんのメルマガで紹介してくれませんか」とむこうから依頼してくることが多いものです。そして、いざ、紹介が終わってみると返事すらない。こちらから見れば、手のひら返しにしか見えません。

「用事がすんだら使い捨てかよ？」

そう思ってしまうのもしかたがないのではないでしょうか？

先日、僕はそんなグチめいた話を友人としていました。

友人は僕に賛同し、「それはひどいねぇ。そんな人、もう相手にしないほうがいいよ」とまで言ってくれました。僕は、「そこまでは……」と思いましたが、友人が賛同してくれたことで溜飲（りゅういん）を下げることができました。

ところが……。友人と語っていた居酒屋のトイレに行ったときに、僕は壁に貼ってある次の標語を目にして、自分が恥ずかしくなってしまいました。そこにはこのような言葉が貼り出してあったのです。


かけた情けは水に流せ。

受けた恩は石に刻め。


僕は、あたかも自分が言われているかのような気持ちになり、ひとり、トイレで赤面してしまいました。そして、なんとも落ちつかない気持ちで、ひとりモヤモヤを抱えたまま、席に戻りました。僕は、友人に貼り紙のことを伝えました。

「自分のことを見られていたような気がして、恥ずかしくなっちゃったよ」

友人も神妙（しんみょう）な面持（おもも）ちでした。

かけた情けは水に流せ

長野県上田市にある前山寺、参道脇にある石に刻まれたものして有名なこの言葉は、それ以来、僕の自戒の句として僕の心の「石に刻む」ことにしました。

情けないことに、これまでの僕は、これと逆のことをし続けてきたのです。

かけた情けを石に刻み、
受けた恩を水に流す。

そんな、情けない生き方をしてきたことに気づかされたのです。

人は自分勝手でわがままな存在です。自分にとって都合のいいことばかりを記憶に刻み、都合の悪いことは忘れてしまう。もしくは、自分にとって都合のいいようなストーリーに置き換えて、自分を正当化してしまう。僕とて、その例外ではなく、自分勝手に好き放題を言っていた。

それが先の友人に対する「礼がない」という批判めいたグチでした。**相手のことを器量が小さいなどと言いながら、自分自身の器量の小ささを吹聴（ふいちょう）しているにすぎなかった。**天にむかって吐いたツバが、自分に戻ってきたのです。

「してあげたのに……」は、狭量の証拠。

僕は、このときのことを忘れず自らをいましめるために、こんな言葉を合わせて胸に刻みました。

僕は、もう二度と他人に対して「礼がない」というセリフを言わないつもりです。そして「してあげたのに……」ということも。

誰のためでもなく、自分が幸せに生きていくために……。

言葉11

誰かに迷惑をかけられたとき

これで「ご恩返し」ができる。

早朝6時のどぶさらい

仕事をしていると、次から次へと問題が発生します。その原因が自分にあるのなら、しかたがない。自業自得でトラブルシューティングをするしかありません。

しかし、ときには、自分以外に原因があることで迷惑をこうむることもあるでしょう。部下の尻ぬぐい、上司の責任逃れ、クライアントからの理不尽なクレームなど。

そんなとき、納得できずに頭から湯気を立てて怒りを覚えるのか、穏やかに微笑みながら、相手を許してあげられるのか。

そこに人間の器量が如実にあらわれるのではないでしょうか……。

「せーの、よいしょ!」

早朝6時。僕たちボランティアの清掃スタッフは新宿駅南口で、道路脇にある重いコンクリートのフタをはがしていました。

目覚まし時計で4時30分に起床。5時には家を出て、僕は寒風吹きすさぶ真っ暗な夜明け前の街を自転車で新宿へと向かいました。服装は全身黒ずくめ。躊躇なく道路に寝そべられるように、あらかじめ汚れてもいい服装をしてきたのです。

すぐ脇を、おそらく徹夜明けなのでしょう、20歳前後の若いグループが千鳥足で通って行きます。ときおり、早朝の通勤客らしきスーツ姿のサラリーマンも通る。皆、めずらしそうに僕たちボランティアをじろじろ見ながら通りすぎていきます。

そんな中、僕たちは歩道の脇にある側溝を掃除しようと、ぽっかりと開いた真っ暗闇の中に手を突っ込んだのです。

すると、目の前の深い溝の中に、不思議なものが捨てられているのを発見しました。

「あれ？　こんなところにビニール傘が捨てられているぞ……」

直径わずか5センチほどの、コンクリートのフタの穴から押し込んだのでしょう。突風で骨が折れてしまったビニール傘が器用に側溝の中に捨てられていたのです。

それだけではありません。

ぺしゃんこに押しつぶされたペットボトルが数本、同じようにわずかな隙間から強引に押し込められ、汚水の中にぷかぷかと浮かんでいたのです。

人間は「都合のいいこと」しか覚えていない

「へぇ、器用なもんだねぇ……」

僕たちは怒るより先に感心してしまい、皆で笑ってしまい、僕は汚水に浮かんだビニール傘とペットボトルを見ながら、二十数年前の自分の行動を思いだしていました。

「車の灰皿が汚れるから、いつも窓から吸い殻を捨てているんだよ」

まだ20代前半だった僕は、友人の車の助手席に座っていました。運転席の友人はそう言って、タバコの吸い殻を次々と窓から道路に捨てていました。そして、ペットボトルのお茶を飲み終わった僕に向かってこう言いました。

「小倉、そのペットボトルも、窓から捨てちゃえよ」

僕は、いきがって、「おう」と言って、そのまま窓からペットボトルを勢いよく投げ捨てました……。

そして、また別のある日。強い風と雨が横殴りに降る日、買ったばかりのビニール傘をさした途端に、それが風で吹き飛ばされ、あっというまに骨が折れてしまいました。

「くぅー、ひどい。もう、骨が折れちゃったよ」

「いいよ、いいよ、そこに捨てちゃおうぜ。誰か、ゴミ清掃員の人が拾ってくれるよ。そのまま行っちゃおうよ」

友人がそう言います。僕は、まあいいかと気軽に思い、骨が折れてしまった安いビニール傘を、ゴミ捨て場でもない、電信柱の脇の道路に捨てていきました。

それから二十数年後の現在、僕は清掃ボランティアとして、新宿南口の側溝をどぶさらいしています。ゴミを捨てる人と拾う人。立場は逆転しているものの、時間を超えて見てみれば、それはどちらも僕そのものの姿です。

そうやって考えると、目の前に捨てられているビニール傘や、ペットボトルが、あたかも二十数年前に僕が捨てたもののような気がしてきました。かつて僕が捨てたゴミが、今こうして、浮かんでいるような気がするのです。

「あと、何本拾えば、罪滅ぼしになるのだろうか……」

それは、自分がゴミを捨てた分だけではありません。これまで自分が社会に対して、同僚・上司・後輩に対して、家族や友人に対してしてしてしまった後悔への罪滅ぼしです。

たくさんの人たちを傷つけてしまった言葉や行動に対する罪滅ぼしです。

それらを全部ひっくるめて、僕はゴミ拾いという形で罪滅ぼしをしているのではないか。

そんなことを思いながら、ビニール傘とペットボトルを引きあげました。

罪滅ぼしと恩返し。それが僕のゴミ拾いのボランティアをやる理由です。そう思うと、心がすがすがしくなるようでした。

しかし、同時にこう思いました。

いくつ拾っても、まだ、罪滅ぼしはできない。ご恩返しはできない……。

もしかしたら、一生かかっても返せないのかもしれません。それだけの借金をこれまでに背負ってきているのではないか。それだけのたくさんのご恩を僕は受けてきたのではないか。僕はそんなふうに感じています。

「これも恩返し」と思えば、心が軽くなる

僕はこれから、膨大な借金を少しずつ返していこうと思います。いくらあるのかさえもわからないくらいの借金を……。

しかし、その借金を重く考える必要はありません。世の中のほとんどの人は、自分が借金を抱えていることにすら気づいていない。ましてや、借金を返そうとしている人など、世の中の1%もいないと思います。だからこそ、**自分を責めることなく、堂々と胸を張って借金を返していきたい。**僕はそう思っています。

そう思うと、仕事で誰かに迷惑をかけられたときも冷静でいられます。いや、ときには「これで、借金が少しでも返せる」と思える。すると、自然と怒りが静まり、笑みすら浮かべる余裕が生まれます。そして、借金を一つ返すたびに、たとえば、街に落ちているゴミを一つ拾うたびに、困っている誰かを助けるたびごとに、一つ心が軽くなる。そんな自分に気づきました。

ご恩返しと罪滅ぼし——。

心が軽くなる、小さいけれど、とても大きな習慣です。

第4章

負けない働き方

言葉12

高い壁にぶつかったとき

一隅を照らすものでありたい。
どんなに小さいみじめな一隅でも。

あきらめたら、楽になれるのか?

誰もが壁にぶつかります。

何度挑戦しても越えられない高い壁。そんなとき、僕たちはあきらめる、という安易な道をつい選択してしまいがちです。しかし、あきらめた瞬間に敗北が確定する。だから、あきらめることだけはしてはならない。けれど、どうしても乗り越える方法が見つからない。そんなとき、僕たちはもがき苦しみます。

それほどまでに高い壁があるとき、僕たちはいったいどのように挑戦すればいいのでしょうか?

あれは数年前のことです。

ある中小企業の総務部長から依頼を受け、僕は組織変革コンサルタントとして、組織のフラット化をお手伝いすることになりました。プロジェクトは順調に進み、組織のムードががらりと変わりつつありました。

ゴールは近い。部長と僕は、明るい希望の光を見つけ、最後の力を振りしぼろうとしていました。そんな矢先です。突然、元気だった部長から、弱々しい声で呼び出しの電話がかかってきたのです。僕は取るものもとりあえず、すぐに同社へと駆けつけました。

「もうあきらめました。あの社長がいる限り、絶対にムリです」

柴田（仮名）部長が言いました。

「何度も組織変革の提案をしたんです。しかし、そのたびに社長に却下される。もう疲れました。これからは、ヘタに提案なんかせずに頭を低くしていきます。僕一人の力ではどうにもできない……」

すでにふっきれたのでしょうか。柴田部長の表情には迷いはなく、むしろスッキリとしたようないさぎよさが見受けられました。

しかし、僕の目はごまかせません。いくら表情がスッキリしていようとも、部長のせつない心は目にあらわれている。まるっきり生気がない。希望のない、死んだ魚のような目。痛々しく、見ているこちらのほうがつらくなるほどの目でした。

「あきらめるのが早すぎるのではなかろうか？　もっとほかにやり方があるのではないか？」

僕にはそう思えてなりませんでした。あきらめれば、そのときはラクになれるかもしれない。しかし、きっと後悔に苦しめられるに違いありません。

でも、柴田部長の中で、すでに結論は出ているようです。説教めいた話を僕がしたとしても、それが受けいれられる雰囲気ではありませんでした。僕は、「そうですか」と力なくつぶやき、彼の結論を受けいれようと思いました。

しかし、やはり、どうしても納得できない自分がいました。正面から反論するのではなく、何か彼を勇気づけるような話をしてあげることはできないだろうか……。僕は急いで記憶のデータベースにアクセスしてみました。

あった！　そう、あの話だ！

２０１０年10月10日、日曜日。毎日新聞に掲載された、ある素晴らしい実話の物語を柴田部長へ教えてあげることにしたのです。

奇跡は、たった一人から始まる

「美化活動の輪拡がる。旧江戸川護岸、一人で始めたゴミ拾い　協力者２６０人に」といった見出しの記事でした。

主人公は、会社役員の涌井正樹さんという方。ある日、涌井さんは近所の人から、子どもたちが写生で旧江戸川護岸に出かけたが、ペットボトルや流木などゴミだらけで、とても風景画など描けない有様だったことを知らされます。

心を痛めた涌井さんは、行政に相談しましたが担当者の腰は重かった。それで、しかたなくひとりでゴミを拾い始めることにしました。一日で90リットルのゴミ袋で２００袋分を集めたというからすごい。その後も、休日などを利用して、たったひとりで黙々と清掃を続けたそうです。

そこへ変化が訪れます。あるとき、手伝ってくれる人があらわれたのです。そして、活動の輪は口コミで広がり、あれよあれよという間に協力者は２６０人にまで増えたというのです。

僕はこの記事を読んだとき、強く心を打たれました。これこそ、まさに「一燈照隅(いっとうしょうぐう)万燈照国(まんとうしょうこく)」そのものだと思ったからです。歴代首相の顧問を務めた思想家の安岡正篤(やすおかまさひろ)氏は、この言葉を好んで使ったといいます。

一つの灯火を掲げて一隅を照らす。そうした誠心誠意の歩みを続けると、いつか必ず共鳴する人があらわれてくる。

一灯は二灯となり三灯となり、いつしか万灯となって国をほのかに照らすようになる。だからまず自分から始めなければいけない。

涌井さんは、それを現実に起こしたすばらしい人物だと思うのです。

誰だって、大きな壁にぶち当たれば、立ち止まり、そしてひるみます。ときにはくるりとうしろをむいて逃げ出したくなることだってあるでしょう。

しかし。仲間がいればがんばれます。一人の力では無理かもしれないけれど、それが十人、百人、千人になれば大きなうねりとなるでしょう。「たかだか一歩」、そう考えてはいけないのです。千歩、万歩につながる、「最初の一歩」。そう考えれば、足に力がみなぎるのではないでしょうか。そして**「最初の一歩」を踏み出すのは、誰でもない、あなた自身なのです。**

僕は、お会いしたことのない涌井さんに、そう教わったような気がしました。

「うーん……」。ゴミ拾いの話を聞いた柴田部長は腕を組み、唇をかみながらぐっと考え込んでしまいました。僕は、じっと黙って、思いが届いてほしいと願い続けていました。

すると、柴田部長は目を見開いて僕をまっすぐに見つめました。

そして、こう断言してくれたのです。

「小倉さん。涌井さんに比べて、自分は何とちっぽけな存在かと思い知らされました。そして、勇気がわいてきました。僕はあきらめません。まずは一隅を照らすことから始めてみたいと思います」

僕はうれしくて、思わず握手を求めました。

誰からも認められなくてもいい

いかがでしょうか？

涌井さんの物語。あなたにも勇気がわいてくるのではないでしょうか？

僕は、この話を一人の小さな行動が大きなうねりを生むという意味でご紹介しました。

まさに、「一燈照隅、万燈照国」そのもののエピソードだからです。

しかし、僕は「一燈照隅」という言葉のすばらしさはそれだけにとどまらないと思うのです。つまり、それが「万燈照国」につながらなくてもいい。260人の仲間が集まらなくたっていい。**たった一人でやり続けたっていいじゃないか**と思うからです。

この言葉を最初に言った比叡山延暦寺、天台宗の開祖最澄（さいちょう）は、具体的にはこのような言葉を残しています。

一隅を照らす。これ則（すなわ）ち、国の宝なり。

ここには「一隅を照らす」とあるだけで、「万燈照国」という言葉はありません。つまり、それが大きな輪になろうがなるまいが、目の前の一隅を照らすことが大切だと言っているのです。そのような行為と気持ちこそが、国の宝のように尊いものであると言っているのです。

それが、本来の最澄のメッセージなのです。

僕は、「これほど励まされる言葉はない」と思います。

なぜなら、どんなに「一隅を照らし」続けても、「万燈照国」にならないときもあるからです。

努力を続けても、誰からも理解されない、認められないときもあるではないですか。

しかし、最澄は「それでいい」とはげましてくれているのです。

たとえ認められなくても、それでも一隅を照らし続けなさい。

「万燈照国」にならなくても「一隅を照らし」続けることに高い価値があるのだと。

その人生は、僕たちに大きな勇気を与えてくれるはずです。

そして、悩みや苦しさからも解放してくれるはずです。

言葉13

挫折してばかりのとき

失敗したら、
何度でも、何十回でもやり直せばいい。

決めたことが続かない……

1日1回、週1回。

僕が管理職向けに講演をする際、おすすめしているコミュニケーションの習慣です。

1日1回は部下一人ひとりと会話しましょうというもの。プライベートのおしゃべりでもいい。業務の報告でもいい。とにかく部下全員と口をきくというものです。これは難易度が高くないため、多くの人が挑戦し、成し遂げます。僕の講演をきっかけによき習慣を作り上げるのです。

そして、もう一つ、週1回は部下と1対1で面談しましょうという提案です。可能ならば一人1時間。無理ならば30分。いや、10分でもいい。だまされたと思って続けてみてください。必ずや部下との信頼関係ができ、仕事の質が上がります。僕はそう伝えています。

しかし、1日1回に比べて、週1回のほうは難易度がちと高い。ですから、多くの受講者がチャレンジするものの、長続きせず挫折するのです。

これは僕の体験からきた方法論です。

僕自身がこれを10年以上続けることで、部下とのコミュニケーションをいちじるしく改善させることができたのです。その結果、業務上の問題点も日々解消し、業績向上にまで結びつけることができました。そんな実体験に基づく方法論だから、自信をもっておすすめできるのです。

しかし、一方でこれを継続できないリーダーの気持ちもよくわかります。なぜならば、僕自身がこの面談を続けられずに、何度も挫折したからです。そのたびにくやしい思いをしたものです。

ところが、その苦しみの中で見つけたことがありました。「決めたことを続ける」ために最も大切なことを学ぶことができたのです。

「週1回」の面談を始めたばかりのころのことです。

部下の山田さんから電話が入りました。

「小倉さん、すみません。せっかく時間をいただいていたのですが、どうしてもはずせないアポイントが入ってしまいました。申しわけありませんが日程を変更してもらえないでしょうか？」

聞けば確かに大切なアポイントです。

「しかたないね、お客様優先でいこう」

僕は、こころよくスケジュール変更に同意しました。

そして、変更した日の当日。またもや山田さんから電話が入ります。

「小倉さん。本当に申しわけありません。急遽（きゅうきょ）、部下のトラブル対応につきあわなくてはならなくなりました。何度も恐縮ですが、またあらためて設定させてください。すみません……」

このようにして、何度も面談の予定が変更されたのです。

「いっそ、やめてしまえ」とあきらめない

「お客様優先」と言えば確かに聞こえはいい。しかし、その実態は、「面談軽視」ということです。一方を優先するということは、一方を軽視するということ。しかし、部下の山田さんにその自覚はなく、「お客様優先」という耳障りのいい言葉とともに、山田さんは

面談を後回しにし続けたのです。

　僕は山田さんを呼び出し、穏やかにそのことを伝えました。

「わかっているよね。この面談も重要だっていうこと。むずかしいのはわかるけど、お客様とこの面談、どちらも大切にして何とか時間をつくる努力をしてくれないかな？　どうだろう？」

　山田さんは平身低頭（へいしんていとう）です。

「すみません。決して、面談を軽視しているわけでは……。次から気をつけます」

　そう話してくれました。

　しかし……。その後も、日程変更が続きます。僕は、山田さんの心の奥底に「面談よりもお客様対応のほうが大切だ」という心が透けて見えるため、それに繰り返し警鐘（けいしょう）を鳴らしました。それでも、彼はいつも「わかっています」というばかり。

　そんな状況で面談を押しつけても効果はない。僕は、何度目かのスケジュール変更のときにこう伝えました。

「わかった。もう催促（さいそく）するのはやめることにしよう。次のスケジュール、山田さんのほうから出してよ。僕が山田さんに合わせるよ」

するとと山田さんは、「わかりました」と気持ちよく返事をしてくれました。そして、それっきり、彼から日程調整の依頼が来なくなってしまったのです。

やはり、そうか……。

ここで、彼をしかりつけ強制的に面談を継続するのは簡単です。しかし、それでは彼の主体性は育たない。僕は迷った末に、しばらくの間、放っておくことにしました。目先の業務だけでなく、本当に大切なことに彼が気づくまで、黙って待ってみようと思ったのです。

その後、この面談は3カ月間止まってしまいました。

僕は結局、我慢しきれずに、山田さんに再度催促して、僕の主導で面談を再開することになりました。でも、僕はまったく満足できませんでした。本当は彼自身の思いで再開してほしかった。でも、彼にはいっこうにそんな気配はありませんでした。そこで、何もせずに放っておくわけにもいかない。だから、僕が動かざるを得なかったのです。

しかし、そこに山田さんの主体性はありません。当然のごとく、その後も、面談は何度も中断と再開を繰り返すことになりました。

僕が覚えているだけでも、中断、再開を繰り返した回数は10回以上。その間、僕は何度も、「いっそ面談などやめてしまえ」とあきらめかけたものです。

しかし、この面談は上司・部下コミュニケーションの生命線。とても大切なものです。ですから僕は何度もくじけそうになりながら、そのたびにやり直し、やり直し、何度でも、何十回でもやり直すことで、それを継続してきました。

するとどうでしょう?

2年の月日がかかりましたが、ついに山田さんも自主的に週1回の面談を欠かさないようになってくれたのです。そして、この面談は会社全体の習慣として定着したのです。

そして、僕は大切なことを学びました。なにごとをなすのも一筋縄ではいかない。一度も失敗することなしに、習慣が定着することはない。**大切なのは、一度や二度失敗したからといって、あきらめないこと。何十回でもやり直すこと**なのだと、僕はこのときに気がついたのです。

この法則はもちろん、自分一人で何かにチャレンジするときにも当てはまります。

ダイエット、運動、勉強などなど、僕たちは自分で決めたことをなかなか継続できません。

そんなときは、何回でも何十回でも、やり直せばいい。

とはいえ、自分一人でやり直すこと以上に、相手があることはもっとむずかしい。なぜならば「相手を無理矢理変えることはできない」からです。しかし、「何回でも、何十回でもやり直す」という普遍の法則は、相手を動かすときにも当てはまる真理の道なのです。

この真理について「あきらめない」と一言だと伝わりにくいと僕は思います。

そうではなく、失敗することを前提に「やり直す」ととらえるのです。

すると、僕たちのやるべき道が見えてくる。続けられないからと自信を失う必要はありません。ただ、ニッコリ笑って、何度でもやり直せばいいのです。

言葉14

職場で孤立していると感じたとき

両親がそそいでくれた、無条件の愛情を思いだす。

「孤独」を感じると、より「孤独」になる

そのとき、僕は会社で孤立していました。

うまくいかない事業を何とかしなければ……。

社長である僕は、そうあせり、もがき、空回りしていたのです。

当時の僕は、号令をかけてもついてこない部下に腹を立てていました。すると、部下はますます僕の言うことを聞かなくなっていきました。それだけではない。明らかに、僕をうとんじているのです。

その孤独感が、さらに僕を追いつめました。部下に対する不信感がつのり、より彼らの心が離れていったのです。そして、信頼していた部下たちも僕から離れていくのがわかったのです。

まさに悪循環。あぁ、こうやって人は離れていくのか……。僕は我慢できないほどの強い孤独を感じていました。

そんなときです。

老人介護施設に入居する母を見舞う日がやってきました。

ちょうどいい休暇になるかもしれない。僕は、気になっている仕事をあえて投げ出して、3日間の休暇を取り、母が入居する介護施設へ見舞いに訪れました。

「兄ちゃん、兄ちゃーん!」

僕が病室に一歩足を踏み入れた途端、介護士に水を飲ませてもらっていた母が叫びました。

「あら、よかったわねぇ。息子さんがお見舞いに来てくれたわ」

介護士さんがやさしく語りかけます。「兄ちゃーん。兄ちゃあん」。僕を呼び続ける母の頬に喜びのあまり、いく筋もの涙が伝っています。介護士さんは母をいたわるように声をかけます。

「あらあら。泣いているわ。よっぽどうれしいんだわね。よかったね」

そんな母を見て、僕もつられてもらい泣きをしてしまいました。

「母さん。見舞いに来たよ」

僕は母の手を取り、シワだらけの頬に僕の頬を合わせ、ごつごつとした肉のない肩を抱き寄せました。母と僕のいつもの挨拶です。

そのとき、僕は、普段、仕事で走り回っているときには決して感じられない安らぎの気持ちが起きるのを感じました。

見舞ってもらっているのは僕ではないか。そう感じたほどです。

僕はこうして、深い孤独がいやされた

やがて、昼食の時間となりました。

母は介護士に車椅子を押されて食堂へと移動しました。皆、いっせいに手を合わせ「いただきます」。介護施設に入居する老人たちの唯一の楽しみである、食事が始まりました。今日のメニューは、卵スープ、野菜と大豆の甘酢あんかけ、鶏ささみ肉のハンバーグ、フルーツポンチです。

母はうまく箸を使うことができないため、スプーンで食事をすくっては忙しそうに口に運びます。「そんなに急いで食べないで」。僕は笑いながら母の口元をハンカチでぬぐいました。

やがて、食器が次々と空になり始めました。母はデザートのフルーツポンチを食べ終わり、スプーンをトレーの上に置きました。

あれ？　食べ終わったはずの母のトレーに、メインディッシュのハンバーグが手つかずのまま残っているではありませんか。

「おかしいな……」。母は鶏肉もハンバーグも大好物のはずです。なぜ、いちばんおいしそうなハンバーグに手をつけないのか？　僕は母に、「食べないの？」とたずねました。

すると、こう言いました。

「兄ちゃん。食べな」

母は僕に食べさせようとするのです。僕は、「え？　僕？」と驚きました。

「いいよ、僕は。あとで好きなものを外で食べるから」

そう言って笑いました。

申しわけないけれど、たいしておいしくもない施設の食事を食べなくても、僕はいくらでもおいしいものを食べることができる。それがわからないのかな……。

やはり、母も少しぼけたかな？　僕は一瞬、そう思いました。

しかし、そんなおろかな母の目を見ているうちに、僕はハッと気づきました。

母はあたかも小さな子どもを見守るような温かい目で僕を見ていたのです。そうです。僕が子どものときと同じように……。僕は、子ども時代の記憶をたどり始めました。

幼少期、母は僕を食事に連れ出すといつも、僕の好物を食べさせてくれました。そして、自分の食事にはいっさい手をつけず、黙って僕を見守ります。そして、育ち盛りの僕が自分のお皿の料理をすべて食べ終えて「まだたりない」と欲しそうにすると、喜んで自分の分の食事を僕に与えてくれたのです。

そう、僕の大好きだった海老フライや鶏の唐揚げやハンバーグ……。

そう、僕の大好きだったハンバーグを……。

お母さん……。だから、ハンバーグを残していたのか……。

僕は、老人たちが集まって食事をしている食堂で、突然泣き崩れてしまいました。

母は……車椅子に乗り、介護されるようになってまでも、息子に少しでもおいしいものを食べさせようと、自分は食べずに我慢していたのです。いちばんおいしそうなメインディッシュのハンバーグを、僕のために取っておいてくれたのです。まるで、幼少期の僕にするように……。

「お母さん。ありがとう……」

僕は鼻をすすりながら、何度も母に頭を下げました。

そのとき、僕は孤独ではありませんでした。

「心の安全基地」は誰でももっている

誰かに「愛されている」という実感があると、人は心から安心することができる。そして、本来の能力を解き放てるようになる、と言います。

その逆に「誰からも愛されていない」「周囲は敵である」と思っている人は、緊張し能力が発揮されず、さらには人間関係が敵対的になり、余計にものごとがうまく進まなくなります。

そんなときは、「信頼できる味方がいること」「自分は愛され、大切にされていること」を実感することが何よりも大切でしょう。

その**安心感が孤立感を和らげ、敵対的になってしまった人間関係を、友好的なものに切**

り替えていく足がかりになるのです。

しかし、社内で孤立してしまったとき、「信頼できる味方」を見つけることはむずかしい。だからこそ、不信の悪循環にはまりこんでしまいがちなのです。

そんなときには、思いだしてほしいのです。

僕たちを無条件に愛してくれる人。それは、すべての人にすでに与えられているのです。

それは、母であり、父です。

まるで、「心の安全基地」のようなものです。そして、その「基地」は、僕たちの誰もがすでに持っているのです。

しかし、僕たちは大人になるにつれ、親に甘えることを恥ずかしく思うようになります。

そして、いつしか、両親がいつでも自分を守ってくれていることを忘れてしまう。

だから、職場で孤立したとき、「味方がいない……」「孤独だ……」と感じたときには、意識して思いだしてみてほしい。

僕たちには母と父がいることを……。

たとえふたりが、すでにこの世を去ってしまっていてもいい。

「母と父の無条件の愛で満たされていた」という記憶を確認するのです。
それだけで苦しみがやわらいでくる。
そして、気力がよみがえってくるのを感じるに違いありません。

第5章

道を拓(ひら)く働き方

言葉15

悪いことばかりが続くとき

悪いことをなくそうとすると、いいことも起きなくなる。

成功したければ失敗を増やせ

42歳。本厄の年。僕には、本当に驚くようなトラブルが次々と押し寄せてきました。両親が相ついで倒れる。僕自身が体調をこわし、ケガや病気をする。事業の業績が悪化する。長年つきあってきた友人と仲たがいし、疎遠になってしまう……。そんな逆風の中にいたのです。

「やっぱり厄年っていうのは、本当にあるんだな……」

そう思うと、僕は気味が悪くなりました。そして、同年代の友人を見渡して思いました。「おかしいぞ。彼らには自分のような災いは来ていないようだぞ」と。そして、その瞬間にイライラが襲って来ました。

「あぁ、なぜオレにばかり、こんなに不幸が押し寄せてくるのだろう？　不公平だ。友人は皆、平和に毎日を送っているのに……」。そうやって天をうらんだのです。

そんな僕を見て、先輩がこう教えてくれました。

「小倉君。君、今、不運をなげいているでしょう？」

僕は、「はい」と答えました。

「どう？　君、嫌なことを全部なくしたい、嫌なことなんて起きなければいいのに、そう思っているでしょう？」

僕は、引き続き「はい」と答えました。当たり前です。嫌なことなんか起きなければいいに決まっている。すると、その先輩はにやりと笑ってこう続けました。

「悪いことをなくそうとすると、いいことも起きなくなるぞ」

「？？」

僕の頭にはてなマークが浮かびました。眉間（みけん）にシワを寄せた僕を見て、楽しそうに先輩は笑います。なんだか意地悪をされているようで、僕は少しカチンと来ました。すると、「いや、悪い、悪い。そういうつもりじゃないんだが……」。そう言いながら、椅子に深く腰かけ直して、先輩はこう続けました。

「禍福（かふく）はあざなえる縄のごとし。いいことと悪いことは、必ず均等に交互にやってくる。陰と陽。禍と福。どちらか片方をなくそうとしても、それはできない。悪いことといいことは必ず均等に等しくやってくるのだから」

そして、こう言って笑いました。

「成功したければ失敗を増やすことだ。失敗をなくそうとしたら成功もなくなるぞ」

いいことと悪いことは必ず均等にやってくる、か……。そんなこと、考えたこともなかったなぁ……。僕はその言葉をかみしめながら自分の人生を振り返りました。

確かに、厄年を中心としたここ数年。何だかよくないことばかりが続いているような気がしていました。しかし、そんな中でもいくつか、よいこともありました。みんなで作った新しい研修商品がヒットしたり、これまで育たなかった管理職が立派に育って一人立ちしたり……。

さらに以前を考えてみれば、順風満帆(じゅんぷうまんぱん)、いいことばかりだった年もありました。創業から数年は驚くような右肩上がり。そんな時期のことも思いだしました。

そうか……。こうやって考えてみれば、長い目で見ればプラスとマイナス一緒だな。サイコロを数多く転がせば、必ず奇数と偶数が出る確率はイコールに近づいていく。それと同じことが人生にも起きているだけのこと。そう考えれば、何の不思議もないことです。

しかし、このような発想は僕のこれまでの人生にありませんでした。

「順番が来た」だけのこと——淡々と受けいれればいい

じっと黙っている僕に、先輩はこう続けました。

「単なる順番なのだよ。神社には必ずおみくじがあるだろう？ あれで『大吉』が出ると、どうだ？ 小倉君、うれしいか？」

ははぁ。何となく言いたいことがわかってきたぞ。しかし、返答を迫られています。ここは普通に返事をしよう。「はい。うれしいです」。僕はそうこたえました。

「じゃあ、逆はどうだ？『大凶』が出たら、どう思う？」

「はい。嫌な気分になります」

先輩は、ニヤリとしました。

「もう、わかっただろう？ そんな感情は無意味なんだ。『大吉』が出たからうれしい。『大凶』が出たから悲しい。そんなことはないんだな。どちらも必ず均等にやってくるのだから。たまたま、現在『大吉』のタイミングなだけ。たまたま、今は『大凶』のタイミングなだけ。順番がめぐっているだけのことなんだ。だから、**喜んだり、悲しんだりする**

必要はまったくない。淡々と、粛々とそれを受けいれればいい。それだけのことなんだ」

そして、先輩は続けて、こうアドバイスをしてくれました。

「もちろん、だからといって、手をこまねいて何もしなくていいというわけではない。そうではなく、悪いことが続くときには、頭を低くして、おとなしく未来に備える準備をしておきなさい。大きな勝負は避けて、力をため込んでおくんだ。そして、それとは逆に、いいことが続くときは、チャレンジのチャンスだ。しかし、同時に、揺り戻しに備えなくてはならない。守りに備えることも必要なんだ」

なるほどそうか。

人により幸運、不運の差があるように見えるのはその違いか……。

僕は気づきました。

いいことと悪いことは誰にも同じ確率でふりそそぐ。

しかし、**うまくいっている人は、不運なときに頭を低くして悪あがきをしない。**

しかし、うまくいかない人は、不運なときに無駄に体力を消耗してしまう。

好調時には、その逆をすればいいだけのこと。そういうことだったのです。

そして、その対応の仕方の差が結果として幸運、不運の差につながっているのです。

僕はこれまでの謎が解け、頭の中の霧が晴れていくような感覚を味わっていました。

そう思えるようになってから、僕はまた一つ苦しみを手放すことができたように思います。

言葉16

置かれた環境が耐えがたいとき

たりないことをなげくのではなく、今あるもののありがたさを見なさい。

こんな目にあっても、感謝しなければならないのか？

ある講演会で僕は、かつて上司に教わった石川洋先生の5つの自戒を引用してみました。

辛いことが多いのは感謝を知らないからだ。
苦しいことが多いのは自分に甘えがあるからだ。
悲しいことが多いのは自分のことしか分からないからだ。
心配することが多いのは、今を懸命に生きていないからだ。
行き詰まりやすいのは 自分が裸になれないからだ。

そして、こう話をまとめました。

「**感謝の気持ちを持てば、苦しさが消えていきます。**感謝できることを見つけるのです。もしも、あなたが現在、つらい境遇にいたとしても、必ずや感謝すべきことは見つかるはずです。それを探してみませんか？」

講演会が終わった後の懇親会の席で、何人もの方が僕に話しかけてきてくれました。その中の一人、僕と同世代のある女性が苦しそうな表情でこう言いました。

「小倉さん、お話はよくわかります。頭では理解できるんです。でも、やっぱり心の中では、どうしても受けいれられません。それほどに私が勤めている会社は、ひどい状況です。労働基準法を無視して、ただ働きの休日出勤や残業を強制されたり、人間性を無視したようなパワハラが横行したり。この状況で感謝しろと言われても、とてもムリです」

話しながら何かを思いだしたのでしょうか、ウッと言葉につまって涙をこらえています。

数秒後、大きく息を吸って彼女は続けました。

「先日、父が交通事故にあいました。父は何一つ悪くない。横断歩道を普通に渡っていたのです。しかし、ある車が父を巻き込んで轢(ひ)いたうえに、それに気づかず1キロ以上も引きずったのです」

あまりにも凄惨(せいさん)なできごとを聞き、僕は言葉を失ってしまいました。

「父は全身何カ所も骨折し、血まみれになりながら病院へ運び込まれました。しかし、事故を起こした犯人は、自動車保険に未加入の上、決まった収入もなく、治療費さえも支払ってくれません。なぜ、父がこのような目にあうのか。私はまったく納得できません。それでも感謝できることを探せというのはどうしても理解できないのです。**それでも、私は**

感謝しなければならないのでしょうか？　私が感謝を知らないから苦しいのでしょうか？　私が悪いのでしょうか？」

感極まって彼女は泣き出してしまいました。

僕は、質問に答えることができませんでした。あまりにもつらい現状を受けいれることができないでいる彼女に「べき論」を言うことなどは、とてもできなかったからです。

しかし、いつまでも黙っているわけにもいきません。僕は、釈迦（しゃか）の言葉を引用して、彼女に一言だけ伝えることにしました。

「たりないことをなげくのではなく、今あるもののありがたさを見なさい。願いがかなわなかったとしても、病気にならなかったことを感謝しなさい。もしも、病気になったとしても、死ななかったことに感謝しなさい」

僕は、自分自身がつらい目にあったときに、いつも自分に言い聞かせている言葉を紹介することしかできませんでした。すると彼女は、涙を流しながら、何度も何度もうなずいてくれました。

楽観主義は意志である

コップに半分だけ入った水を見て、「たったの半分しかない」となげくのか、「まだ半分もある」と喜ぶのか。あなたはどちらのタイプでしょうか？

かつての僕は間違いなく前者。つまり、ものごとを悲観的に見て、悪い面ばかりを強調していたように思います。

そして、後者のような楽観的なタイプの友人知人を見るたびにこう思っていました。

「生まれつきのお気楽な性格なんだろう。まったく、そういう性格の人がうらやましいよ。こちとら、そんなにのんびりとした性格じゃないからね」。つまり、僕は楽観的で感謝をする人たちを「生まれつきの性格」のせいにしていたのです。

しかし、そう考えている限り、苦しさから抜け出すことはできないのです。

そのことを僕に教えてくれた言葉があります。

悲観主義は気分であり、楽観主義は意志である。

フランスの哲学者アランの名著『幸福論』の中の有名な一節です。

僕はこの言葉に出会って非常にショックを受けました。

そして、そのとおりだと思いました。

それから僕は「意志」を持って楽観主義になろうと思いました。

元来が悲観主義だった僕にとってそれはむずかしいことでした。

しかし、不思議なもので、毎日それを意識していると、数年のうちに僕は悲観主義から抜け出すことができました。そして、今では立派な楽観主義者に生まれ変わったのです。


悲しいから泣くのではない。

泣くから悲しいのだ。


これは、心理学者ウィリアム・ジェームズ&カール・ランゲの言葉です。僕たちが幸せであるかどうかは、環境やできごとが決めるのではない。

できごとに対して僕たちがどのように感じるのかで決まるのです。

だから、苦しさの原因を外部環境のせいにしてはいけません。

そうではなく、**つらいことがあったときに、自分の考え方が原因であることを自覚する。**

そして、たりないことをなげくのではなく、今あるもののありがたさを見るのです。「意志」の力をもって、そうするのです。
そうすれば、つらさは消えていく。
そして、心が静かに整っていくことでしょう。

言葉17

「もうダメだ」と絶望しそうなとき

明けない夜はない。
夜明け前がいちばん暗い。

未来を悲観し、絶望していた日々

もう、終わりだ……。

そのとき、僕は確実にそう思いました。

心臓が止まりそうになり、背中を大粒の汗が何滴も伝います。

終わりだ……。どうしよう。どうすればいい？

ビジネスの失敗が原因で、僕が母から借りた大切な母の老後資金をすべて失うことが、ほぼ確実になったのです。

「心配しなくても大丈夫。絶対に成功させて、倍にして返すから安心しなよ」

おろかな僕は、自分が失敗することなど想像もせず、母から奪うようにして金を借りました。当時の母の全財産に相当する1500万円です。それは、母が爪に火をともすように30年間貯めてきた、大切な、大切な老後の資金でした。

僕の両親は僕が小学校1年生のときに離婚。僕は、毎晩泣いてばかりいる母親を守ろうと子ども心に思い、母とともに暮らすことを選びました。

しかし、小学校1年生に母親を守る力はありません。結果的に僕は、母に生活の苦労をかけるだけでした。

それ以前、両親が離婚するまでの我が家は裕福そのものの生活を送っていましたが、離婚後は貧乏な生活へと一転しました。

それまで母は仕事もせず、美しい服を着飾り、家事だけをしていました。その母が、早朝5時の始発バスに乗り、時給三百数十円の工場でのパート勤めに出かけるようになったのです。

しかし、それだけでは生活ができません。困った母は、パート勤めに加えて、自宅の数部屋を学生に貸し、食事や洗濯の世話をする下宿業を兼務することで僕を育ててくれました。

そんな苦労をくぐり抜け、母は必死に働いて僕を育ててくれたのです。そして、同時にほんのわずかずつ、それこそ爪に火をともすようにして母は貯金をしてくれました。

その貴重な、貴重なお金のほとんどすべてを、僕がなくしてしまうことがほぼ確実になったのです。

僕は半狂乱になりました。

母に申しわけない。顔むけができない。あぁ、なんて自分はおろかだったのだ。どうすれば、どうすればいい？

パニックで一人うろたえました。

しかし、誰も助けてはくれません。今、思いだしても目の前が真っ暗になるような絶望的な瞬間です。

それからの僕は自分を責め続ける毎日を送りました。

「年老いた母に心配をかけ、母を不安にさせる親不孝者……。なんてひどい息子なんだろう……」

「オレにはビジネスを立ち上げる能力なんてなかったんだ……。もうサラリーマンには戻れない。でも、自分でビジネスを立ち上げる才覚もお金もない。どうすればいい？」

考えれば考えるほど八方ふさがりです。やがて、僕は失意のうちに、再び会社勤めに戻ることとなりました。しかし、毎日考えるのは後悔と懺悔(ざんげ)ばかりです。目の前の仕事に集中することもできません。結果的に、会社勤めもうまくいかず、僕は路頭に迷うように落ち着かない気持ちで毎日を過ごしていました。

もう、ダメだ。もう、おしまいだ……。

ふと気がつくと、無意識に心の中で絶望の言葉ばかりを繰り返す、暗い顔をした自分がいたのです。

明けない夜はない

これは、今から十数年前。

血気盛んだった30代のころの僕の姿です。

しかし、現在僕は、すがすがしい気持ちで毎朝を迎え、神に対してうらみごとではなく、感謝の言葉を伝えています。

僕の毎朝は絶望ではなく、希望に満ちあふれています。

あのころの自分が嘘であるかのような幸せな毎日を送っているのです。

でも、当時の僕にはそんな未来があるなんて、考えることもできませんでした。

「もう、終わりだ……」

絶望の言葉しか頭に浮かばなかったのです。

そして、だからこそ、この言葉に真実があることを深く深く思うのです。

明けない夜はない。

夜明け前がいちばん暗い。

どんなにつらい境遇にも必ず終わりがあります。

そのときは無限に続くかのように思える絶望的な状況も、足を止めさえしなければ、必ず幸福へと転じる転換点がやってきます。

そして、夜明け前がいちばん暗い。

苦しみが深ければ深いほど、それは終わりの合図、プラスに転じるサインなのです。終わりはもうすぐそこなのです。真っ暗なトンネルを抜け、歓喜の太陽が間もなく目の前にあらわれようとしているのです。

僕は、今、苦しい状況にある人に、心からそう伝えたい。

先の資金的な絶望に限らず、僕はこれまでに数え切れないほど「もうダメだ……」という境遇に出会ってきました。深刻なうつ病にも2回なりました。

しかし、必ず夜明けはやってきた。

永遠に続くかと思えるような「どん底」の状況でも、必死にもがき続けていれば、必ず光が差してくるのです。

そして、これら、苦しかったどん底や絶望の状況は、今となってはすべてが笑って話せるよき思い出です。

僕は、それらに感謝さえしています。

あの体験がなければ、今の僕はいない。

あの絶望があったからこそ、大きな気づきと自己変革を手にすることができたと本当に思っているのです。

その集大成が僕の著作の数々であり、本書こそ、その白眉（はくび）であるといえるでしょう。

絶望のどん底にあるとき——。

誰だって、かつての僕のように、決して明るい未来を信じることができないでしょう。

想像することもできないかもしれません。

でも、それでいい。

「明けない夜はない」という言葉だけを信じればいい。たとえ、それがイメージできなくても、力がわいてくる。

私を救ってくれた、力あふれた言葉でした。

無理矢理にでも希望を捨てない

未来があるなんて想像すらできないほどにつらい環境だったとしても、それでも夜明けを信じるのです。

僕は、それを信じました。

イメージできなくても、想像もつかなくても、毎日、絶望の言葉しか頭に浮かばなくても、それでも、無理矢理にそれを信じてきました。

日々訪れる感情的な悲観主義を、意志の力でねじ伏せて、無理矢理にでも楽観主義で暮らすようにしてきました。そして、目の前の仕事に、とにかく全力をつくしました。小さな一歩を積み重ねていったのです。

それが希望を捨てないということなのだと僕は思います。

そして、最後まで希望を捨てなかったときに、僕は苦しい日々から抜け出すことができた。

夜明けを迎えることができたのです。

第6章

「志」に出会う働き方

言葉18

自分の生き方に違和感を抱(いだ)いたとき

親への感謝からすべてが始まる。

なぜ、自分のふるまいが受けいれられないのか？

何かを間違っているのではなかろうか……。

ふとしたきっかけで、自分自身の生き方に違和感や疑問を感じたことはありませんか？ 自分のふるまいや言葉が人にうまく受けいれられていない。何となくぶつかってしまう感じがする。心のどこかで警報ベルが鳴っている感じ。しかし、何が問題かがわからない。そんな、もやもやとした感じ……。

僕はずっとそんな感情とともに生きてきました。そして、あるとき、内観（ないかん）という仏教系の研修を受講したときに、そのもやもやの正体がわかりました。僕は大切なことに気づかないまま生きてきたのです。その大切なこととは……。

「宅配便でーす」

なんだ？ 誰から？ ある蒸し暑い夏の日、当時大学生で風呂なしアパートに一人暮らしだった僕のもとに宅配便が届きました。荷札を見る。やはり、母です。

段ボールにはガムテープが二重三重に巻いてあります。「どうせ、たいしたものなんて、入っていないのに……」。そう思いながら、箱を開けるとシワくちゃに丸められた郷里の新聞「新潟日報」が隙間に詰め込まれています。それをよけると、中身が見えてきました。キャベツ、大根、米、カップ麺……。「やはり、食材か。確かにありがたい。が、どうせなら、現金を送ってくれればいいのに……」。そう思っていました。

するると、奥のほうに新聞紙にていねいにくるまれた大きな包みがありました。手に持つとずしりと重い。どうやら、スーパーのトレーに入った食材のようです。あっ……。新聞紙に赤い汁がしみ出しています。肉だ。母親は、なんと、肉の塊をスーパーのトレーごと新聞紙にくるんで送ってきたのです。

嫌な予感がしました。真夏の盛り。クール便でもない、ごく普通の宅配便で、スーパーで買った肉を保冷剤もつけずにそのまま送ってきたのです。これは、くさっている可能性が高い。僕は、急いで新聞紙を取り除き肉汁のしみ出した肉のトレーに鼻を押し当てた。

におう……。こんなもの食えるか！

僕はゴミ箱のフタを開け、肉を放り投げました。

ふぅー。うちの母は何を考えているんだ？　真夏に宅配便で肉を送れば、くさるのは当たり前のことだろう。そんなこともわからないのか？　いや、どうせ母のことだ。「大丈夫だろう……」と高をくくったのだ。なにせ、貧乏な家です。クール宅急便を使うお金がもったいないと思ったのでしょう。だったら、肉なんて送らなければいいのに……。

僕は、母のおろかさを一人なげき、悪態（あくたい）をつきました。

結局、僕は段ボールの中にあったカップ麺だけを食べて、野菜を冷蔵庫にしまい、そのまま夕方早くにふて寝をしてしまいました。もちろん、母へのお礼の電話をかけるなど、考えも及びませんでした……。

母に対する「申しわけなさ」

僕はあるとき、1週間の休みを取り、富山県の研修所で、1日15時間、内観研修を受講しました。内観とは浄土真宗（じょうどしんしゅう）の修行の一つを現代風にアレンジしたものです。

「していただいたこと」

「（それに対して）して返したこと」

「ご迷惑をおかけしたこと」

この3つのことをひたすら思い返すのです。まずは、3年刻みで母親に対しての「自分の言動」を調べます。幼稚園時代の3年間、次は小学校低学年時代の3年間、次は高学年……。こうして、3年刻みで、僕が当時、母に「していただいたこと」「して返したこと」「ご迷惑をおかけしたこと」を思いだしていくのです。

先の段ボールの件は、僕が大学生時代について調べていたときに思いだしたエピソードでした。僕は、1時間に1回、来て下さる先生にこう報告をしました。

「母にしていただいたことは、大学生時代、月々8万円の仕送りをしていただいたこと。さらにときどき、段ボールで食材や生活用品を送ってもらったことです。して返したことは、特にありません。そういえば、お礼の電話もしませんでした。ご迷惑をおかけしたことは、まだ、思いつきません……」

すると、先生は僕にこう質問をされました。

「そのとき、お母様はあなたにどのような気持ちで食材を送ったのでしょうか？　お母様のご家庭はそのとき、どのような状態でしたか？」

僕は、それまでそんなことを考えたこともありませんでした。母は無知でお金にせこかったから、冷凍の宅配便を節約して肉をくさらせた。「おろかで世間知らずな母親」としか思わなかったのです。

しかし、先生からの質問をもとに、そのときの母の気持ちを僕はたぐってみることにしました。

かつては美しかった若いころの母。とてもきれいな身なりをしていました。しかし、離婚した途端、我が家は突然、ジェットコースターで垂直に落ちるかのように生活のレベルが下がっていきました。母は毎日、毎日泣き暮らしていました。

僕を養い、家族3人で食べていくために母は朝の暗いうちから、深夜まで働きづめに働きました。そして、やがて母は強くなり、僕を大学に行かせてくれました。親不孝な僕は私立大学の文系に入学しました。浪人しなかったのがせめてものなぐさみ。しかし、そんな母にとって、月々8万円の仕送りは相当につらかったに違いありません……。

先生の言葉をきっかけに、そのときの母の気持ちをたぐり寄せたときに。僕の頬に突如、大粒の涙が流れ出し、せきこみ、嗚咽（おえつ）してしまいました。

お母さん、お母さん……。知らず知らずに声が出ます。僕は、先生の前であることを忘れて一人泣き崩れ、母の名を呼び続けたのです。母は、母は、僕に月々8万円を仕送りするために、いったいどれだけの苦労をしたのでしょうか……。

僕に段ボールを送るとき、どのような気持ちでいたのでしょうか。「息子においしいものを食べさせたい……」。その一心だったのではないでしょうか。

おそらく、母は、自分が食べるものを減らして、肉を僕に送ってくれたに違いありません。米も、いちばん上等なものを真っ先に僕に送ったはずです。そして、自分は1年前の古米を食べていたはずです。

僕が放り投げて捨てたスーパーの肉は、母の好物の豚ロースでした。いつも母は「ロース肉は高いから」と言って、安いバラ肉を買っていた。なのに、母は奮発して、僕にロース肉を買ってくれたのです。

それなのに僕は……。そんな母の気持ちも知らずに、悪態をついていた。そんな母の気持ちにお礼も言わずに、ふて寝した。僕はなんてひどいことをしてしまったのだろう。なんてひどい、鬼畜のような人間だったのでしょうか……。

そう思うと、あまりの申しわけなさに、涙が次々とあふれ続けてくるのでした。

あやまったとき、はじめて「感謝」に気づく

内観研修では、まずは母。次に父。そして現在の配偶者。さらには、親戚や会社の同僚、上司などについて、同じような調べを繰り返していきます。

その結果、行き着く結論はただ一つ。「懺悔（ざんげ）」の気持ちです。

自分はいかに周囲の人に助けられてきたのか。愛されてきたのか。自分はいかに、何一つ恩返しをしてこなかったのか。自分はいかに、人様に迷惑をかけ続けてきたのか……。それに気づくと、ごく自然に頭が下がってきます。畳に頭をすりつけねばならぬほどに、後悔の念がわき上がってくるのです。

すると、**感謝の気持ちがわいてくる。**こんな僕を育ててくれた母や父。そして、周囲の人々に対して、深い、深い感謝の気持ちがわいてくるのです。

感謝という字は「感じ」て「謝る」と書きます。

僕は、長らく「謝る」という字が、「感謝」の中にあることに違和感を抱いていました。

なぜ「感謝」するのに「謝る」のか？「感謝」と「謝る」はまったく違う行為ではない

か？　そう思っていたのです。

しかし、それはあさはかな考えでした。「反省」し「懺悔」し、頭を下げると、ごく自然に相手が上に上がってきます。自分と同じ目線にいたと思っていた母が、尊く、ありがたい存在として、高い位置に上がってくる。そして、さらに僕は頭を下げる。

すると、低い位置にある僕の頭と、高い位置にいる母との間に大きな差ができます。その差が「感謝」なのです。そう、僕は母に「懺悔」し「謝る」ことで、ごく自然に「感謝」の気持ちがわき上がってきた。まさに**「謝る」ことで初めて「感謝」に気づけた**のです。

いかに、僕が「感謝」の気持ちを持っていなかったのか。僕はこの1週間で思い知らされました。

「海より深き母の恩。山より高き父の恩」

両親といういちばん身近で深い愛に気づいたときに、僕たちは、他人様へ「本当に心から」感謝する準備がようやく整うのだと思います。親に対して、薄っぺらい「感謝」の気持ちしか持っていなかった僕。その僕が、母への恩に気づき懺悔したときに、初めて僕は周囲に対して「感謝」する準備が整ったのかもしれません。

親を敬う気持ちを、親孝行の一文字である「孝」といいます。そして、人を敬う感謝の気持ちを「敬」といいます。そして、東洋の先哲は皆口をそろえてこう言います。「孝」は「敬」の始まりである。「孝」なくして「敬」なし。「敬」なくして「学び」なし、と。

本当の意味での深い「孝」に気づいたとき。僕たちはようやく人間として、「学び」の第一歩を踏み出すのではないでしょうか。 すべての始まりは親なのだ。それをあらためて強く教えていただいた内観研修でした。

僕は今、生き直すかのように毎日を送っています。

その毎日は、親への感謝と、そこから始まる、周囲への感謝の気持ちに満たされています。あぁ、自分はなんと傲慢だったのだろうか。自分はなんて感謝がたりなかったのだろうか。そのことに気づいてから毎日がみずみずしく感じられてなりません。

親への感謝からすべてが始まる。

皆さんにもおすすめしたい考え方です。

「過去の自分」が許せないとき

ご恩は当人に返さなくていい。
社会に返せばいいのです。

世話になった叔父が危篤に

強烈な日差しがまぶしい、暑い夏の午後でした。

仕事中に突然、僕の携帯電話が鳴り、子どものころに大変世話になった叔父が倒れたと連絡がありました。さいわい命に別状はないとのこと。しかし、意識がないらしいのです。仮に回復したとしても半身不随（はんしんふずい）は間違いない。それより何より、いつ意識が戻るかもわからないというのです。つい先日まであれほど元気だったのに……。

もっと早くにお礼をするんだった。後悔の気持ちが繰り返し押し寄せてきました。

僕が小学校1年生のとき、離婚した両親。建築士協会の理事長を務める父は強い人間でした。離婚の話し合いのときも、父は冷静で決して感情的になることはありませんでした。しかし、母は弱かった。離婚が決まってからはただ毎日泣くばかり。僕は、そんな弱い母を守るために、父ではなく母と暮らす道を選んだ僕。

とは言っても、小学校1年生は無力です。明日をもしれぬ生活不安にさいなまれる母をまったく守ることができません。そんな母の不安をやわらげ、物心ともに支えてくれたのが、叔父であり叔母だったのです。

　母がふさぎこむと家に呼び、おいしい食事をごちそうしてくれました。母や僕や妹をショッピングモールに連れ出し、小遣いを渡して買い物をさせてくれたこともありました。母が精神的に落ちつかないときには何度も長時間の電話につきあってくれました。叔父と叔母の二人が母を支え続けてくれたのです。

　そんな僕の恩人に対して、きちんとお礼を言わなくてはならない――。

　そう気づいたのは、叔父が倒れるその前年、僕が母を亡くしたときのことでした。一度きちんとお礼を伝えたい。そのときに、遅ればせながらそう気づいたのです。

「今の僕があるのは叔父さん叔母さんのおかげです。亡くなった母もお二人に支えられて幸せに暮らすことができました。僕たち家族を支えてくださって本当にありがとうございました」

　あらためてそうお礼を言おう、お礼を言わなくちゃ、そう思っている矢先に、叔父は倒れてしまったのです。

叔父の涙

僕は実家の新潟へ帰り、叔母とともに、叔父の病室を訪ねました。

意識のない叔父はまるで眠っているようでした。

しかし、僕たちが訪れたときに目を覚ましました。その瞳は何を見るでもなく宙をさまよっていました。

叔母が声をかけます。

「ほら、東京からわざわざ広君が見舞いに来てくれたよ。ほら、久ぁしぶりだね」

うなずくでもなく見つめるでもなく無反応な叔父。引き続き宙を見つめています。

「叔父さん。僕です。広です」

僕が声をかけました。もちろん反応はありません。

しかし、僕は知っていました。意識不明の病人でもきちんとその場を理解していることがあるということを。何度も危篤になり意識不明が1カ月間続いた母を看病していたときのことです。反応しないはずの母が、僕の声と手のひらの感触をきちんと理解していたこと、それにより表情が変わり、わずかに反応を示していたことを思いだしたのです。

ですから僕は、叔父がわかっているという前提で語り続けました。叔父の手を取り、握り締め、そして心をこめて声をかけました。

「叔父さん。早く元気になって。叔父さん、これまで僕たちをずっと助けてくれてありがとう。もっと早くお礼を言いたかった。ごめんね。遅くなってごめんね。叔父さん。ありがとう。元気になって」

語りかけるうちに、無意識のうちに僕の頬を涙がこぼれ落ちました。

そのときです。

突然、叔父の瞳からポロポロと涙がこぼれ始めたのです。

「……」

声にならない声を絞り出すようにして顔をシワくちゃにする叔父。見る見るうちに目が真っ赤になり涙が次々とあふれ出します。

「あら！　お父さん、わかっているんだわ。あらぁ。広君に声をかけてもらってうれしかったんだわぁ」

叔母はニコニコとしながら叔父の涙をハンドタオルで拭き取りました。

違う人を助けてあげればいい

病室からの帰り道。僕はあらためて叔母に頭を下げました。

「今さら遅いかもしれませんが、本当にお世話になりました。もっと早く叔父さんにお礼を伝えるべきでした。ご恩返しをするべきでした。もっと早く気づけばよかった。叔父さんに申しわけない。ごめんなさい」

すると叔母は、やさしい仏様のような表情でこう言いました。

「広君、遅すぎることなんて何もないんだよ。叔父さんは十分に喜んでいるよ。ありがとうね」

そして続けた。

「私たちのような年寄りになるとね。もうご恩返しをしたくてもできない人がたぁくさんいるのさぁね。そんなときはさぁ。本人にご恩返しをしなくてもいいのさぁ。もっと若い人をね。困っている人をね。今度は広君が助けてあげればいい。ほかの人にご恩返しをすればいいんだよ。そうやって社会に返していけばいい。みんなそうやって助け、助けられて世の中は回っているんさぁ。広君もそれでいいのよ」

そう言ってニコニコと笑ったのです。

新潟から東京へ戻る新幹線の中で、僕は何度も叔母の言葉をかみしめていました。そして、かつてお世話になった方々のことを思い返しました。新人営業マンの表彰式。上司に対して一言も感謝の言葉を述べなかった自分……。

あのときに戻って、上司にお礼を言いたい。自分の力だとばっかり思っていた、無知で傲慢な自分を叱り飛ばしてやりたい……。僕はそう思いました。

しかし、過去に戻ることはできません。

そして、おそらくは、現在、東北の地で暮らしていると聞く、かつての上司に会うこともないでしょう。そんなとき、この言葉に救われる気がしました。

「ご恩は当人に返さなくていい。社会に返せばいいのです」

時間をさかのぼることはできない。

あのころにはもう戻れない。

でも、今からでもできることがたくさんある。
遅すぎることは何もないのだ。
今できることをやればいい。
誰かに返せばいい。
そう勇気づけられるような気がするのです。

神様が与えた宿題は何か。

突きつけられた「集団辞職」の現実

「志」を持ちなさい――。

ビジネス書を開くたびに、そんな言葉に出くわします。そのとおり。僕もそれに強く共感します。

しかし、そんなに簡単に「志」に出会えるものなのでしょうか？　僕は長い間、「志」が見つからないまま年齢を重ねてきました。そして、その間、心の中にむなしさや、「志」を持たないことによる恥ずかしさを感じていました。

しかし、あることに気づいた瞬間に、僕の目の前に、すでに「志」があることがわかったのです。そして、どんな人にとっても、その人なりの「志」がすでに用意されていることに気づいたのです。それは、十数年前のことでした。

「小倉さんの下では、もう、やっていられません」

我が社の創業メンバーを含む幹部のほぼ全員が、ずらりと並んで辞表を持ってきました。彼らは多くを語りませんでした。「言ってもしかたがないでしょう。どうせ辞めていくのだから」。彼らの背中はそう語っていました。

なぜだ？　俺のどこが間違っていたのだ？

僕の頭の中には、彼らとの過去が繰り返しフラッシュバックをしていました。締め切りを守らなかったあいつをこっぴどく怒鳴り散らしたことが原因だろうか？　それとも、彼らの意に沿わない人事異動が原因か？　そういえば、あいつが落ち込んでいるときになぐさめもせず、「きちんと仕事を仕上げろ」と厳しく要望だけしか伝えなかったな。いや、そうじゃない……。もしかしたら、あのときの一言かも……。

思い当たる節は山ほどありました。しかし、だからといって、集団で辞表はないだろう。そこまで俺はひどいことを言っていないぞ……。僕は頭の中で、一人言いわけを続けました。

「俺は悪くない。しかたがなかったんだ。俺が厳しく言わなければ誰が言うというのだ？　誰かが言わなければ、会社を守ることはできない。世の中はそんなに甘くないんだ……」

言葉にならない言葉を飲み込み、心の中で誰にともなく言いわけをしている僕の前で、彼らはそろって頭を下げ、会議室を出て行きました。そして、会議室には僕がたった一人残されました。

社長失格……。

そんな言葉が頭に浮かんできます。「そうか、俺が辞めればいいんだ。そうすれば、うまく収まる。俺の存在が悪いんだ。彼らに会社をゆずって、俺が辞めればそれでいい」。そんな非現実的なことを繰り返し考えているときに、お客様からの電話が入りました。僕は、どん底の気分のまま、仕事へと引き戻されていきました。

問題から逃げても、神様は同じ問題を出し続ける

集団辞職――。

その強烈な事態の中で、僕はさとりました。**「これは神様からの宿題を解かなかった自分への罰なのだ」**と。思えば、宿題は、ずっと昔から僕に出されたままだったのです。

最初の宿題が出たのは、初めて課長になった30歳のときです。

当時、僕はリクルートで最も高い成績を上げるトップコンサルタントでした。そんな僕を部長は着任半年で課長にしました。そして、チームリーダーの任を負わせたのです。僕

は気軽にそれを引き受けました。コンサルタントとしてやるべきことはわかっている。それを部下に教えればいい。そんなふうに気楽に考えていたのです。

しかし、現実はうまくはいきませんでした。僕は、「リーダーとはいかにあるべきか？」を何も知らなかったのです。「どのようにすれば、人がついてくるのか？」「どのようにすれば人が動くのか？」。いや、もっとはっきりと言いましょう。「どのようにすれば、部下からそっぽを向かれてしまうのか？」「ダメなリーダーとはどのような存在なのか？」。それをまったく知らなかったのです。

そして、あっというまに僕はメンバーたちからそっぽを向かれました。動揺した僕は、会社に行くのが怖くなりました。そして、僕はうつ病にかかり、半年も経たないうちに課長の責を辞しました。「僕には務まりません」と自ら白旗をあげたのです。

そのとき、僕はこう思いました。「僕はプレイヤータイプなのだ。リーダーには向いていないのだ」と。僕は、課長職を辞し、再度プレイヤーに舞い戻りました。そして、すぐにスイスイと気持ちよく泳ぎ始めました。再び、自信に満ちた楽しい毎日を取り戻したのです。

しかし、その後、すぐに部長は僕を課長職へと再配置しました。「もう、大丈夫だろう」。そんな判断だったのでしょう。

そして、よせばいいのに、僕はそのタイミングで、リクルートを退職し、ベンチャー企業の役員として初めての転職をすることとなります。課長もろくにできなかった僕が、取締役として株式公開間近な企業の部門長をすることとなったのです。

当時の僕は、ベンチャー企業役員の仕事を「できているつもり」でした。僕が号令をかけると組織がぐいぐいと加速する。僕の意の通りにメンバーたちは気持ちよく動いてくれました。僕は、これを自分の力だと勘違いした。今となってはよくわかります。それは、単なる思い上がり。単なる、当時の社長の〝虎の威を借る狐〟だったのです。

その後、僕は「神様からの宿題」を解いていないにもかかわらず、自分では解き終わったものと勘違いしたまま、知人と現在の会社を創業することとなります。

そして、嵐のような創業の1年を過ぎたところで、冒頭のシーンに出くわすわけです。

神様からの宿題は、何度も出ていました。

しかし、僕はその宿題を解いたものと勘違いしていた。もしくは、見て見ぬふりをしていました。怒った神様は何度も宿題を出し直しました。そして、そのたびに宿題はだんだんと大きくなっていきました。

虫歯を放っておけば必ず以前よりも悪くなります。それと同じように、**僕が神様から出される宿題の大きさはどんどんと大きくなっていきました。最初は小石、次には小さな岩、最後には逃げ切れないような巨岩へと……。**

そして、幹部全員の辞表という巨岩になるまで、僕は神様からの宿題を無視し続けました。そこで、あきれ果てた**神様は「もう逃げ切れない」という巨岩を僕に投げつけることで、僕にとどめを刺しました。**「小倉よ、いい加減に逃げるのをやめろ。他人のせいにするのをあきらめろ。自分と向き合うのだ」と。

僕は覚悟をして自分と向き合うことにしました。部下のせいにすることをあきらめ、自分のたりなさを深く反省せざるを得なくなったのです。

問題に向き合ったとき「志」が見つかる

それから十数年。僕はこの集団辞職事件のおかげで、人生が180度変わるほど大きな気づきを得ることができました。部下に問題はなかった。すべての問題の原因は僕にあったのです。僕は、30歳のときからサボり続けてきた、部下に対する接し方、いや、他人に対する無責任な接し方を改めることにしました。

しかし、長年近く身体に染みついた悪いクセは簡単に抜けません。人から「小倉さん、変わったね」と言われるのに10年近くの月日が必要でした。

しかし、この10年を振り返ると、僕にとって、これまでのあやまちは必要な経験だった、ということがよくわかります。

上司としてリーダーシップの失敗を繰り返したからこそ、何冊ものリーダーシップの本を書くことができました。リーダーシップの講演もさせていただいています。生々しい失敗を経験しているからこそ、この本を書くこともできました。僕の苦しみの歴史、そして、部下に迷惑をかけ続けた歴史は、そのまま僕の使命、存在意義へと変わったのです。

自分自身の無様（ぶざま）な失敗談をさらしながら、ビジネスマンをはじめとする多くの人々が苦しみから抜け出す支援をする。そんな僕の人生の「志」（ミッション）は、神様からの宿題を解いたときにふと見えてきたのです。

そう、大きな宿題であればあるほど、一見すると苦しみにしか見えないその宿題の陰に、人生の「志」が隠れているのです。

ぜひ、みなさんにも、それを見つけていただきたいと願っています。

それが、あなたの立志のときとなることでしょう。

その「志」が見つかったとき、あなたの人生にぶれない「軸」が定まるのです。

そして、他人から振り回されることのない、静かな心が手に入ります。

そのとき、あなたの苦しみも消え去っているに違いありません。

おわりに　「自分は3点」と知れば、笑うしかない

みんな、小さなアリンコなんだ

つらいことが多いのは感謝を知らないからだ。（「5つの自戒」石川洋）

あらためて、本書を読み返してみたときに、最初に浮かんだのはこの言葉です。

「僕はこうして、苦しい働き方から抜け出した。」

その「こうして」を一言で言いあらわすと、「感謝」に集約されるのではないかと思ったのです。

しかし、いちばん苦しかったころの、かつての僕に、この言葉をぶつけてみたところで、当時の僕はそれを決して受けいれることはないでしょう。

「感謝だって？　いまさらあらためて言われなくても、十分、感謝していますよ！」

おそらくそう強弁するに違いありません。

しかし、もしも、昔の僕に会うことができたなら、僕はこう伝えたいと思います。

「確かに君は感謝を知っている。けれど、君がしている感謝は、本来すべき100に対して、たったの3くらいのものだ。残りの97に対しては感謝をしていない。いや、感謝すべきだということにすら気づいていない」と。

僕がこのことに気づいたきっかけは、本書でも取り上げた内観研修です。

しかし、それだけが原因ではありません。

東洋哲学の先達の書を読み、勉強をする「人間塾」を立ち上げ、西郷隆盛や二宮尊徳、吉田松陰などの偉人を知れば知るほどに、自分の小ささが見えてきた。

それらがいっきにつながり、一つの答えが見えてきた。

それが、**自分はたったの3点である**ということです。

それに気づいた瞬間、僕は落ち込むどころか、むしろスッキリしました。

そうか。

だから苦しかったのかと謎が解けたからです。

僕は、自分自身を「90点くらいはいっている」と思っていたのです。

だから、周囲の人間のダメなところやアラが見え、いつもカリカリと怒っていた。

しかし、えらそうに怒っている自分自身が3点だと気づいた瞬間に、怒りはすべて消えてしまいました。

もう、笑うしかない。

自分自身も。

周囲の人も。みんな、小さなアリンコでしかない。修行中の煩悩だらけの弱い人間同士だと気づいたのです。

そう思ったら、まわりの人も自分もかわいらしく思えてきました。苦しみがふっと消えたのです。

感謝の先に穏やかな生き方がある

著者仲間の石田淳さんがサハラ砂漠マラソンを完走しました。

石田さんにマラソン後の感想を聞いたら、こう答えてくれました。

「もう、感謝しかないですよ。サハラの極限の地で250キロを走っていると、日本に帰ってきてからはすべてが感謝です。水道や電気があること。ベッドで眠れること。シャワーがあること。そして仕事があること。**これまで当たり前だと思っていたすべてのことが感謝する対象だと気づく**わけです。自分はこれまで、まったくそれに気づかなかった」と。


それを聞いて私はその場で決めました。

次回のサハラレースに出場しよう、と。

苦しいレースの先に感謝がある。

感謝の先には、苦しみのない穏やかな生き方がある。

感謝に満たされた毎日がある。

本書がみなさんにとっての「小さなサハラ砂漠マラソン」になればいいなと思います。

みなさんが、まだ気づいていなかった、残り97点分の感謝に気づくことができたなら。

穏やかな心を手に入れることができたなら。

長い長い苦しみのトンネルを抜け出すきっかけとなればうれしく思います。

穏やかな心で生きること。

それは、幸せになるための手段ではありません。
それは幸せに生きること、そのものです。

本書を通じて、感謝の輪が日本中に広がり、「一燈照隅　万燈照国」となることを願いながら、僕もそろそろ筆をおきたいと思います。

最後までお読みいただき、ありがとうございました。

小倉　広

小倉広（おぐら・ひろし）

組織人事コンサルタント、心理カウンセラー、講演家。大学卒業後、株式会社リクルート入社。企画室、編集部、組織人事コンサルティング室課長など主に企画畑で11年半を過ごす。その後ソースネクスト株式会社（現・東証一部上場）常務取締役、コンサルティング会社代表取締役などを経て現職。一連の経験を通じて「リーダーシップとは生き様そのものである」との考えに至り、「人間力を高める」人間塾を主宰。「人生学」の探求および普及活動を行っている。また、近年はアドラー心理学と経営現場を熟知した数少ない専門家として講演、企業研修を数多く行っている。主な著書に『アルフレッド・アドラー 人生に革命が起きる100の言葉』（ダイヤモンド社刊）、『アドラーに学ぶ部下育成の心理学』（日経BP社刊）、『比べない生き方』（ベストセラー新書刊）など。著作累計販売部数100万部。http://www.ogurahiroshi.net/

本書は、2012年7月30日に小社より発行された
『僕はこうして、苦しい働き方から抜け出した。』を新装版化したものです

WAVEポケット・シリーズ4

僕はこうして、
苦しい働き方から抜け出した。
穏やかな心で生きる20の言葉

2017年1月27日　第1版第1刷発行

著　者　小倉　広

発行者　玉越直人

発行所　WAVE出版
〒102-0074 東京都千代田区九段南4-7-15
TEL 03-3261-3713　FAX 03-3261-3823
振替 00100-7-366376
E-mail : info@wave-publishers.co.jp
http://www.wave-publishers.co.jp

印刷・製本　中央精版印刷

NDC335　191p 19cm ISBN978-4-86621-028-5